값싼 위대함은 없다

값싼 위대함은 없다

초 판 1쇄 2023년 09월 18일

지은이 송현수
펴낸이 류종렬

펴낸곳 미다스북스
본부장 임종익
편집장 이다경
책임진행 김가영, 신은서, 박유진, 윤가희, 정보미

등록 2001년 3월 21일 제2001-000040호
주소 서울시 마포구 양화로 133 서교타워 711호
전화 02) 322-7802~3
팩스 02) 6007-1845
블로그 http://blog.naver.com/midasbooks
전자주소 midasbooks@hanmail.net
페이스북 https://www.facebook.com/midasbooks425
인스타그램 https://www.instagram/midasbooks

© 송현수, 미다스북스 2023, *Printed in Korea*.

ISBN 979-11-6910-328-2 03190

값 17,500원

미다스북스는 다음세대에게 필요한 지혜와 교양을 생각합니다.

NO PRICE NO GREATNESS

값싼 위대함은 없다

송현수 지음

노력하기는 싫고 성공하고 싶은 사람들에게

미다스북스

추천사

김웅서 (WS그룹 대표이사)

송현수 작가의 첫 번째 작품에 추천사를 쓰게 되어서 영광이다. 개인적으로 자기계발 관련 책은 내용들이 뻔해서 잘 읽지를 않는다. 그런데 목차에 있는 색다른 리스트들을 보고 관심이 생기기 시작했다.

책장을 열고 첫 번째 제목 '쉬운 것 중에 위대하고 가치로운 것은 없다'를 봤다. 늘 첫 번째 타이틀에 주목하는데, 타이틀에 걸맞은 내용들도 가득 차 있다. 나도 늘 생각하는 것이지만 글로 또 보니 느끼는 것이 많았다.

개인적으로 아주 재미있게 읽었으며 정말로 도움이 되는 책이다. 내가 느끼는 것을 이 책을 읽는 모든 이들이 느꼈으면 하는 마음이다. 야망을 가지고 사회에 발을 내딛는 젊은 청년들에게 꼭 추천하고 싶다.

김상윤 (에이징 대표)

이 책은 사업을 준비하는 그리고 사업을 막 시작한 스타트업 대표들에게 길라잡이가 될 수 있는 책이다. 큰 챕터를 완성하기 위해 작은 에피소드들로 구성되어 있어 가독성이 좋은 것도 이 책의 장점 중에 하나인 것 같다. 대부분의 자기계발 서적처럼 해박한 지식을 뽐내기 위해 전문용어가 난무하는 책이 아닌 저자 스스로의 경험담과 생각을 거침없이 담아낸 책이라고 말할 수 있다. 책을 통해 저자가 어떠한 삶을 살아왔고, 어떠한 가치관을 가지고 있으며, 성공을 위해 어떻게 살아가고 있는지 엿볼 수 있었다. 마치 고즈넉한 저녁 나와 마주앉은 저자가 자신의 삶과 생각을 진솔하게 이야기하는 것처럼 느껴졌으며, 그의 진정성 있는 스토리는 바쁘게 달려온 나 자신을 돌아보는 시간을 만들어 준 것 같다. 다시 달릴 수 있는 '쉼'이 되어준 이 책을 왕관을 쓰고 무게를 견디고자 하는 당신에게 추천한다.

임관영 (CDS TECH. 대표)

송현수 작가의 데뷔작에 추천사를 쓰게 되어 매우 영광이다. 아주 오랜만에 책 첫 장을 넘길 때 손이 떨리는 경험을 했다. 요즘 시대의 SNS에서의 가벼운 성공담들의 직설적인 비판 글. 송 작가님이 직접 현장에서의 흘린 땀방울을 고스란히 느낄 수 있었다. 손 떨림은 마지막 페이지를 닫을 때까지 계속되었다. 모두 성공을 위해서 달려가자.

김현수 (알파팜테크 대표)

나는 자기계발서를 즐겨 읽지 않는다. 타인과 생각을 공유하는 것은 즐기지만 강요 받는 것을 싫어하는 성격 탓일 것이다. 아, 아마도 내 자신을 뚜렷한 생각과 가치관을 가진, 항상 노력하는 사람이라고 믿는 나르시시스틱한 생각을 가진 사람이어서 그럴지도. 송현수 작가의 책은 자기계발서가 아니어서 좋다. 어떻게 해야 잘 사는지, 어떻게 행동해야 하는지 억지로 제안하지 않는다. 비슷한 길을 걸어가는 사람들에게 자신의 머릿속 한 부분을 보여줌으로써, 작가 자신에게도, 독자에게도 자기계발을 하라는 '강요'가 아닌 서로를 위한 신선한 자극을 선물한다.

처음 이 책을 읽었을 땐 공감을 했다. 글을 통해 그의 가치관과 성장통을 고스란히 느낄 수 있었다. 어떤 목표를 향해 달려가는 사람에게서 느껴지는 동질감을 느꼈다. '더 위대하고 가치로운' 삶을 위해 했던, 뜨겁고도 심장이 터질 것 같은 수많은 노력. 괴롭지만 필요한 절제. 이 모든 것을 안고 가는 와중에도 감사함과 사랑을 지킨다는 것. 우리 모두가 가져야 할 자세이자 삶에 대한 좋은 태도라고 생각하며 고개를 끄덕였다.

원고를 두 번 읽으니 이 작가, 멋있는 사람이라는 생각이 들었다. 더 나은 자신이 되기 위해 적었다고 하는 이 책의 글은 솔직하면서도 정제되지 않아 거칠다. 하지만 그 점이 오히려 더 멋스럽다. 어설프게 있는 척하지 않고 숨김이 없는 작가의 스토리들은 남자의 패기, 절제, 야망과 사랑을 다룬다. 작가 자신의 가치관과 인생을 위해 하는 수많은 노력들이 피부로 와 닿는다. 유의미하고 가치 있는 삶을 위해 힘들었던 매 순간을 받아들였고, 노력하고 행동하여 성장한 모습에 어떠한 경외감이 느껴진다. 세 번째 이 책을 읽었을 때는 마음 어딘가 조금 먹먹해졌다. 작가는 자신이 사랑하는 이들의 마음에 풍요와 가치를 채워줌을 얘기한다. 아낌없이 주는 나무가 되는 법을 묘사한다. 그 역시도 그의 마음에 풍요와 가치를 채워줄 사람들을 많이 만나길. 반대로 사랑 받는 사람이 되어 그의 영적인 가치와, 세상의 아름다움, 그리고 경험과 행복을 받는 법도 배울 수 있길. 사랑하는 이들의 감정의 온도를 느낄 수 있는 여유를 가질 수 있길.

자기 자신을 사랑하는 것이 힘들거나 스스로를 존중하기 힘든 시간을 겪고 있다면 이 책을 추천한다. 송현수 작가는 같은 신념과 생각을 지닌 사람들을 동료라 칭한다. 그의 동료가 되어보는 것은 어떨까? 건강한 마인드와 몸으로 자신에게 최고로 가치로운 것을 찾으며, 내 사람들을 진정으로 사랑하고 내가 될 수 있는 최고의 내 자신을 찾는 길을 우리도 송현수 작가와 같이 걸어보자. 이 책을 읽는 모든 이들, 나 역시 당신의 동료일 것이다. 그 길을 응원한다.

이화형 (오월애봄 대표)

20대 후반, 잘 차려입은 옷, 반듯한 체형, 몹시 확고한 신념의 소유자, 누가 보아도 빈틈없어 보이는 송 대표. 그러나 인간적이고 열정적인 모습에 나보다 어리지만 존경심마저 드는 이 시대에 살아 있는 진정한 MZ가 아닐까. 물에 물 탄 듯 술에 술 탄 듯 언제나 수동적인 스탠스를 고수하는 내게, 큰 변화를 일으키는 책이다. 때론 정제되지 않은 강한 어조로 질책을 하는 것 같은 부분도 있지만, 끝까지 읽다 보면 탄탄한 빌드업으로 결국 고개를 끄덕이고 있는 나를 발견하고 있을 것이다.

김민지 (브이드림 대표)

작가가 제공하는 실용적인 조언과 실천 가능한 단계들은 독자들이 자신의 삶에 원리를 적용하고 스스로 긍정적인 변화를 경험할 수 있도록 해주며, 다른 사람들이 모든 페이지를 통해 빛날 수 있도록 돕고자 하는 작가의 진정한 열망이 성취감 있는 삶을 살도록 격려하고 힘을 실어줄 것이라고 확신합니다.

이준석 (국민의힘 전 당대표)

누군가에게 동기부여를 하는 책들은 많이 있다. 하지만 다른 나라에서 많이 읽힌 책을 번역해서 들여온 책들은 한계를 드러내기 마련이다. 반면 이 책은 권위적이지도 않고, 교조적이지 않게 생각해볼 지점들을 짚어내 준다. 이 책에서 짚어낸 시사점들 위에 독자 개개인의 고유한 토핑을 얹어 맛깔나는 세상 살이의 방법론을 완성해 나가시길!

시호문 (중소벤처기업진흥공단 부산경남 연수원장)

이 책에서 저자는 성공하고 싶은 사람이 꼭 생각해야 하는 여러 문제에 대해 분명하고 명쾌한 어조로 자기 생각을 들려줍니다.

대개 이런 종류의 책은 이름이 났거나 혹은 성공한 사람이 써왔습니다. 그래서 저자의 말에 좀 더 귀를 기울이게 되지만, 평범한 나와는 다른 비범한 사람의 특별한 이야기 같아서 '쉽지 않겠는데….'라는 생각을 할 때도 있습니다. 이 책의 저자는 꿈과 성공을 향해 이제 막 달려나가는 청년 창업자입니다. 그래서 그는 저명하지 않을뿐더러 성공을 말하기에는 부족합니다.

그래서 이 책은 좀 다릅니다.

아직 평범한 저자의 이야기는 역시 아직 평범한 우리가 받아들이기 쉽습니다. 그래서 "이렇게 긍정적으로 생각할 수도 있구나.", "나도 해봐야지."라고 생각하게 만듭니다. 이것이 이 책의 장점입니다. 물론 그의 말에 딴지를 걸고 싶을 수도 있습니다.

성공적이고 가치 있는 삶을 만들고 싶은 사람, 특히 저자와 함께 미래를 만들어나갈 젊은 청춘들에게 이 책을 권합니다.

옆집 아주머니의 자식이기도 하고, 내 고등학교 친구의 친구이기도 하며, 함께 창업한 누구의 동료이기도 한 저자가 들려주는 이야기를 꼼꼼히 들어보라고 말하고 싶습니다. 그리고 공감하거나 논쟁했으면 좋겠습니다.

덧붙입니다. 저자는 반드시 성공해야 합니다. 이 책을 읽은 우리는 그것을 함께 지켜볼 것입니다.

프롤로그

이 책을 읽기 전 당신이 알아야 할 것이 있다. 난 이 책을 통해 당신을 포함한 독자들에게 어떠한 설파를 할 생각이 없으며, 나의 이념 혹은 신념 그리고 사상과 종교관을 투입하고 싶은 생각도 없다. 내가 지금부터 하는 말이 불편할 수도 있을 것이고 보기 거북할 수도 있을 것이다. 하지만 내가 하는 말은 나 자신과 나와 같은 생각을 하는 사람들에게 하는 말이니 너무 안 좋게 보지 않았으면 한다. 그리고 아직 책을 구매하지 않았다면 당신에게 질문하겠다. 당신이 살면서 읽은 책이 10권 이상 되며 그 중 2권 이상이 자기계발서 혹은 에세이인가? 만약 그렇다면 이 책을 사지 마라, 자기계발서가 필요하다면 조던 피터슨 교수님의 『인생의 12가지 법칙』, 팀 페리스의 『타이탄의 도구들』, 세이노 선생님의 『세이노의 가

값싼 위대함은 없다

르침』, 앤서니 라빈스의 『내 안에 잠든 거인을 깨워라』 같은 책을 추천한다. 이 책을 누구에게 추천하는가 하고 묻는다면, 첫 번째, 살면서 책을 10권 이하로 읽었으며 자기계발서를 2권 미만 읽었다면 추천한다. 두 번째, 어려운 문장과 단어로 적힌 책만 봐도 잠이 온다면 추천한다. 현재 당신이 지극히 평범한 사람이지만, 조금 더 나은 내일을 바라보고 있는가. 어떤 것을 시작하고 싶은데 망설여지거나 두려움이 느껴지는가. 세상에 값싼 위대함은 없다. 당신이 성공하고 싶거나 위대해지고 싶은 야망이 있다면, 다른 건 몰라도 한 가지는 확실하게 이야기할 수 있다. 죽을 만큼 고통스러울 것이며 괴로울 것이다. 매 순간 포기하고 싶고 그만두고 싶을 것이다. 하지만 당신은 그 모든 것을 이겨내고 당신이 원하는 것을 이룰 것이다. 당신은 위대해지고 싶은 야망이 있는 사람이기 때문이다. 노력하기는 싫지만 성공하고 싶은 정신이 나간 머저리가 아니라면 당신은 이미 당신만의 규율을 지키며 앞으로 나아가고 있을 것이다. 나도 당신과 같은 방향을 보고 있는 사람이며, 당신의 동료이다. 당신이 진심으로 존경스럽다. 응원하겠다.

목 차

Chapter 1.

가치로운 삶에는 무엇이 필요한가

Chapter 2.

삶에서 관계의 의미란 무엇인가

Chapter 3.

어떻게 주저하지 않고 시작하는가

Chapter 4.

도전의 두려움을 어떻게 다루는가

Chapter 5.

당신이 생각하는 성공의 값은 얼마인가

Chapter 1.

NO PRICE NO GREATNESS

가치로운 삶에는
무엇이 필요한가

1.

쉬운 것 중에
위대하고 가치로운 것은 없다

명예롭고 위대하며 가치 있는 것 중 쉽게 얻을 수 있는 것은 없다. 이 것들을 얻기 위해서는 고통과 절망 그리고 상실감이 가득한 길을 걸어야 한다.

아침 6시에 눈을 뜬다. 헬스장을 가야 하는데 몸이 움직이지 않는다. 어제 늦게까지 과음해서 피곤하다. 그래도 일어난다, 그리고 헬스장에 간다. 침대에서 일어나는 것조차 못하는 머저리가 도대체 무슨 야망과 가치를 논할 수 있을까. 그래서 일어난다. 우리는 위대하고 가치 있는 것 들을 너무나도 쉽게 생각하고 쉽게 이야기하며 쉽게 얻으려 한다. 알렉 산더 대왕이 이룬 업적과 칭기즈칸의 야망이 위대하고 가치로운 이유는, 그들은 수많은 고통과 절망을 견디고 이겨냈기 때문이다.

매일 밤 야식을 먹으며 게을리 하루를 보내던 사람이 이틀 운동을 한다고 해서 근육질의 몸을 만들 수 있다면, 우리는 근육질 몸매를 가진 사람을 멋있다고 생각하지 않을 것이다.

동네 헬스장에 있는 트레이너들의 몸만 보더라도 그들이 그 몸을 만들기 위해 했던 노력이 보인다. 누군가는 그들을 동경해서 운동을 시작한다. 쉽지 않기에 이루고 싶고, 그렇기에 가치롭다.

당신과 나는 어려운 일을 하자. 남들이 꺼리고 하기 싫어하며 두려워하는 일을 찾아 다니자. 그것들이 우리를 위대하고 가치롭게 만든다. 땅바닥에 다이아몬드가 널려 있다면 다이아몬드는 더 이상 가치 있는 보석이 아닐 것이다. 힘들어야 한다, 어려워야 한다. 가치 있는 일을 하고 싶은가, 위대해지고 싶은가. 답은 간단하다. 남들이 다 두려워하고 이름만 들어도 벌벌 떠는 일을 하면 된다. 한 달에 1억을 버는 사업가가 되는 것도, 전 세계적인 스포츠 스타가 되는 것도, 누구에게나 사랑받는 연예인이 되는 것도 그 길이 고통스러웠을 것이다. 우리는 이를 스치듯이나마 안다. 그렇기에 그들을 대단하게 바라보는 것이다.

쉬운 것 중에 위대하고 가치로운 것은 없다. 당신과 나는 그 길이 힘들더라도 끝을 바라보며 묵묵히 걸어 나가자.

2.

거절이
당신의 가치를 만든다

삶을 살며, 우리가 가장 잘 사용해야 하는 기술 중 하나가 아마도 거절이 아닌가 싶다. 우리는 거절할 줄 알아야 원하는 것을 달성하며, 인간관계와 삶의 전반적인 방향에 승기를 잡을 수 있을 것이다. 누군가 어떤 부탁을 하거나 요청하면 그것을 거절하기 힘들어하는 사람들이 있다. 우리는 거절을 배울 필요가 있다. 거절을 어려워하는 사람들은, 그들 나름의 이유가 있다.

현대사회뿐만 아니라 과거에도 인간은 타인과 관계를 맺으며 살아왔고, 그 관계를 통해 진화하고 발전해 왔다. 누군가에게 부탁하고 부탁을 들어주며, 함께 협동하며 살아왔다. 그렇기에 거절한다는 의미는 나에게 부탁한 사람의 생존과 추후 나의 생존에도 문제가 될 수 있는 행위다. 거절에 이렇게 깊은 의미와 뜻이 있냐고 물어볼 수 있다. 인간의 모든 행동은 다 이유가 있다. 인간의 문명이 이렇게 고도로 발전하기 전에 시스템 설정은 끝났다.

현재 우리의 소프트웨어는 몇천 년 전 그대로인데, 인류의 기술은 너무나도 발전했다. 그래서 여기서 생기는 간극이 꽤 크다. 다시 본론으로 돌아가서, 당신이 배가 고파서 당신 주변 누군가에게 먹을 것을 조금 나눠달라고, 혹은 함께 사냥하러 나가자고 부탁했다고 가정하자. 특별한 일이 없다면 부탁을 받은 사람은 당신과 함께 사냥을 나가거나, 식량을 나누어 줄 것이다. 왜냐하면 당신이 부탁한 상대방도, 식량이 다 떨어진 상황이 올 수 있고, 그때는 함께 사냥을 나갈 사람이 필요하기 때문이다. 인간은 자신의 처지가 지금과 반대가 되었을 때를 무의식적으로 상상하고 대입해 보는 경향이 있다.

이렇게 부탁을 받은 사람은 자신이 거절한다면 추후에 일어날 일을 생각해서, 거절에 부담감을 느낀다. 어느 날 나에게 친하게 지내는 회사 대표가 커피 한잔을 청한다. '이번 주 금요일에 혹시 시간 돼? 이번에 내가 미팅을 하는데, 너희 회사의 도움이 조금 필요할 거 같아.' 그럼 나는 아마 별다른 약속이 없다면 시간을 내어줄 것이다. 나도 그 사람에게 부탁할 경우가 있을 수 있기 때문이다. 당신이 이때까지 낸 축의금도 그렇지 않은가? 당신이 친구 결혼식에 축의금을 10만 원 냈으면, 당신이 결혼할 때 그 친구가 10만 원은 줄 것이라고 예상하지 않는가? 머릿속으로 이렇게 계산하지 않더라도, 당신의 데이터베이스 안에 그렇게 내장이 되어 있을 것이다. 여기서 오류가 발생하는 것이다. 우린 상대방이 하는 부탁을 들어주지 않으면 내가 원하는 것을 얻지 못할 가능성이 있다고 예측을 하는 것이다. 사실 그 예측이 맞긴 하다. 당연하다. 당신은 상대방의 부탁을 안 들어줬는데 상대방이 당신의 부탁을 들어줄 일은 만무하다.

하지만 모든 관계와 상황이 서로 리버스되는 것은 아니다. 당신이 상대방과 동등한 위치 혹은 어떤 것이 교류될 수 있는 관계, 즉 상호작용이 되는 관계라면 상대방의 부탁을 거절하는 편보다 들어주는 편이 더 낫다. 하지만, 당신이 맺고 있는 다양한 관계는 모두 동등하게 교류되는 관계가 아닐 가능성이 크다. 나 또한 그렇다. 당신이 거절하지 못했을 때 오는 손실 비용을 계산해 보면, 당신이 해야 하는 거절을 어느 정도 머릿속으로 파악 가능할 것이다. 직장에서 직장동료가 당신에게 무엇인가 부탁했고, 당신이 그 부탁을 들어주었다. 그러면 처음 당신에게 했던 부탁이 작은 부탁이더라도, 당신에게 하는 부탁은 한 단계씩 커질 것이다. 처음에 당신에게 물컵을 빌려달라고 부탁했으면, 그다음에는 커피가 담겨 있는 잔을 달라고 할 것이고, 그다음에는 나가서 커피를 한 잔 사 와줄 수 있냐고 부탁할 것이다. 당신의 주변 사람들에게, 당신은 '어떤 부탁이든 잘 들어주는 사람'이라고 인식되고, 결국 당신은 굳이 감당할 필요 없는 것들까지 전부 감당하게 될 것이다. 모든 사람의 부탁을 다 들어줘봤자 그 사람들은 고마워하지 않을 것이며, 당신이 하는 부탁을 들어줘야 할 '책임'도 느끼지 못한다. 왜냐면 당신은 거절할 줄 모르는 '예스맨'이니까.

당신이 거절할 줄 알아야, 당신의 도움과 승낙이 비로소 가치가 생기는 것이다. 길에 있는 무료 급수대를 사용하면서 나라에 고마움을 느끼는 사람은 아무것도 없을 것이다. 누군가의 부탁을 들어 줄 수 있다. 하지만 거절하는 방법을 몰라서 부탁을 들어주는 사람이 아닌, 거절을 할 수 있음에도 부탁을 들어주는 사람이 되어라. 거절할 줄 몰라서 울며 겨자 먹기 식으로 그 부탁을 들어주고 당신이 해야 할 일이나 당신의 앞으로의 일에 지장을 주지 마라. 당신이 거절하는 방법을 아는 사람이 되었을 때 비로소 당신의 도움은 가치로워진다.

3.

리더의 자질
– 0순위는 '우리'다

약속을 지키고, 신의를 지키며, 의리를 지킨다. 멋지다. 낭만 있는 말들이다. 마초 같기도 하며 삼국지에 나오는 장수들이 할 법한 이야기 같다. 당신은 어떤가? 약속, 신의, 의리에 대해 한번 생각해 본 적 있는가, 없다면 지금 한번 생각해 봐라. 내가 언급한 이 세 가지는 당신의 가치관에서 얼마나 큰 비중을 차지하며 당신 삶에 어떤 의미인가. 아마 뭐 특별히 큰 비중도, 의미도 없을 것이다. 당신이 이상한 게 아니다. 이런 가치에 비중을 두고 있는 사람들이 특별한 사람들이라고 생각한다.

우린 모두 때로는 이기적일 것이고 때로는 기회주의자처럼 행동할 것이다. 우리가 이렇게 행동할 때 제삼자는 이야기할 것이다. '이기적인 놈,

약속도 안 지키는 놈, 의리도 없는 놈, 기회주의자 같은 놈.' 그런 말을 들으면 어떤가, 기분이 좋은가? 좋다면 병원 한번 가서 진단받고 치료하길 바란다. 대부분 사람은 이런 말을 들으면 기분이 나쁠 것이고 '내가 잘못한 건가? 내 행동이 이기적이고, 비열하며 기회주의자 같았나?' 하고 한번 생각할 것이다.

내가 확실하게 이야기해주겠다. 당신은 잘못하지 않았고, 이기적이지 않았으며, 비열하지도, 기회주의자 같지도 않다. 당신은 현명했으며 당신과 당신의 팀에게 굉장히 훌륭한 리더이다.

제삼자의 측면에서 봤을 땐 당신이 이기적이고 비열하며, 기회주의자로 보였을지 몰라도 당신을 따르는 팀원들에게 당신은 최고의 리더이다.

우리는 삶을 살면서 굉장히 다양한 사람의 눈치를 보며, 사회적 분위기를 살핀다. 이 행동이, 이 결정이 사회적 통념에 옳은가를 따져가며 행동한다.

내가 운영하는 회사와 당신이 운영하는 회사가 20년간 상호이득이 되는 거래관계를 맺고 있으며 당신과 나도 둘이 가끔 술 한잔하는 사이라고 가정하자. 그런데 어느 날, 당신 회사에서 어떤 스캔들이 터져 당신 회사의 이미지가 나빠졌고 당신 회사와 거래하는 우리 회사의 이미지마저 나빠질 위기다. 그래서 나는 더 이상 당신 회사와 거래하지 않고 당신의 개인적인 연락 또한 무시한다.

당신이 생각하기에 나는 어떤 사람인가, 의리 없는 사람인가? 친구들을 불러놓고 술 한잔하며 나와 우리 회사는 의리도 없는 회사라고 욕할 건가? 주변 거래처에 우리 회사랑 절대 거래하지 말라고 소문이라도 낼 건가? 당신의 모든 행동은 당신 자유다. 하지만 난 내 행동에 약간의 도의적 책임도 느끼지 않을 뿐더러, 양심의 가책 혹은 20년간 거래한 당신 회사에 미안함도 없을 것이다. 오히려 당신 회사 스캔들 때문에 손해를 본 우리 회사 손실에 대한 손해배상 청구를 할 수도 있다. 당신 그리고 내가 모를 당신 친구가 봤을 때 도덕적으로 혹은 인간적으로 좋지 않게 보일 수 있다. 하지만 최소한 나를 따르는 팀원 그리고 내가 지켜야 할 사람들을 위해서는, 난 그렇게 행동할 것이다. 물론 나와 당신의 관계가 비즈니스 관계보다 인간적인 관계에 더 가깝고, 당신이 내가 지켜야 할 사람이라고 생각했다면 이야기가 다르겠지만.

방금 내가 했던 예시를 뒤집어, 우리 회사에서 좋지 않은 소문이 터져서, 당신이 우리 회사와의 거래를 끊고, 나라는 사람과의 관계도 끊는다면 난 당신에게 서운함도 느끼지 않을 것이고, 내 친구들을 불러 소주 한 잔 사주며 당신과 당신 회사를 욕하지도 않을 것이며, 남아 있는 거래처들에게 당신 회사와 거래하지 말라고 험담하지도 않을 것이다. 오히려 당신의 결단을 존중하며, 당신은 현명한 리더라고 속으로 생각할 것이다. 물론 나와 당신의 관계가 비즈니스 관계보다 인간적인 관계에 더 가깝다고 생각했다면, 30분 정도 서운한 감정을 느꼈을 수도 있다. 하지만 31분이 넘어가는 순간 그런 관계가 아님을 자각하고, 당신을 훌륭한 리더라고 생각할 것이다.

우리는 모두 우선시해야 할 '순위'가 존재한다. 그것의 '기준'이 있을 것이다. 어떤 상황이고 어떤 순간이든 우리가 0순위로 둬야 할 것은 나 '자신과 팀원'이다. 제삼자 혹은 불특정 다수가 생각하는 도덕적 관념과 시선에 의해 당신과 당신을 따르는 사람들을 희생시켜선 안 된다. 당신은 가족과 팀원 그리고 당신을 따르는 사람들을 책임져야 할 의무가 있다. 당신의 결정과 판단에는 이 사람들의 삶까지 반영된다는 것을 절대 잊지 마라. 당신이 본적도, 볼 계획도 없는 누군가의 평판과 시선을 신경 쓰지 마라. 당신은 자신과 주변 사람, 그리고 가족과 팀원만 생각하면 된다. 그리고 결정해라. 설령 그게 약속, 신의, 의리, 도의를 저버리더라도 당신은 그렇게 해야 한다. 나 또한 그렇게 할 것이다, 우린 앞으로 삶을 살아오면서 이런 갈등을 수없이 겪게 될 것이다. 그럴 때마다 나와 당신은, 현명한 선택을 하는 리더가 되자. 이것은 리더가 되기 위해 우리가 필연적으로 가지고 있어야 할 자질이다.

4.

육체의 단련은
선택이 아니다

이 책을 읽고 있는 독자들에게 삶을 살면서 반드시 해야 하는 한 가지를 추천한다면, 나는 망설임 없이 운동이라고 대답할 것이다. 조금 더 디테일하게 말하면 MMA 같은 격투기 혹은 웨이트트레이닝을 추천한다. 신체를 단련하는 이야기다. 이것은 남녀노소 불문하고 모두에게 적용된다.

누구를 만나든, 어떤 상황을 맞닥뜨리든, 사람과 상황이 두려워서 울며 겨자먹기식의 태도를 보이지 마라. 당당한 태도와, 강한 풍채를 만들고 유지해라. 스테미너의 근원은 테스토스테론이며, 운동은 천연 스테로이드다. 이건 내 추측이 아닌 과학적으로 이미 증명된 사실이다. 남들에게 시비 걸거나, 약자를 괴롭히라는 말이 아니다. 당신이 아무것도 하지 못하는 겁쟁이고, 키는 겨우 170cm가 조금 넘고 몸무게는 50~60kg쯤 되는 마르고 왜소한 몸을 가졌다면 남들보다 더 열심히 운동해라. 복싱이든, 웨이트트레이닝이든 뭐든 좋다. 당신의 육체적 강함에 스스로 도취해 봐라. 그리고 가슴 깊은 곳에서 끓어오르는 자신감과 뭐든 이룰 수가 있을 것 같으며 누구와 싸우던, 어떤 상황이 닥치던 이겨낼 수 있을 거라는 믿음을 가져라.

당신이 로니콜먼처럼 거대한 근육을 가진 보디빌더가 되라는 것이 아니며, 포이리에 같은 격투기 선수가 되라는 것 도 아니다. 어제의 당신, 1년 전의 당신보다 강해지고, 단단해지라는 것이다. '당신이 운동해야 하는 일곱 가지 이유', '운동의 중요성'과 같은 당연한 소리는 일절 안 하겠다. 당신이 육체적으로 강해진다면, 살면서 이루어낼 수 있는 일은 지금보다 최소한 100배는 더 많아질 것이고, 당신이 어떤 일에 도전하고, 마주하는 것을 겁내지 않을 것이다. 그리고 당신을 대하는 주변인들의 태도 또한 180도 달라질 것이다. 확신한다. 신체를 강하게 만드는 운동은 당신 삶의 중요한 부분으로 자리 잡을 것이다. 이미 수많은 업적을 이룬 사람들이 입 모아 이야기하고 있다. 물론 그들은 운동선수가 아니다. 스스로가 자신감 없는 태도와 표정으로 누군가를 상대한다면, 당신은 먹잇감이 될 것이다.

자신감과 당당한 태도는 강인한 육체에서 시작된다. 야생에서 늙고, 병들고 약한 동물은 젊고 건강하고 강한 동물들의 표적이 된다. 이 페이지를 잠시 덮어두고 지금 당장 주변에 있는 격투기 체육관과 헬스장을 알아봐라. 그리고 강해져라. 건강한 신체에 건강한 정신이 깃든다. 인간 사회는 문명이 발달해 있고 윤리라는 그것이 존재하기 때문에 늙고 병들거나 약해 보이는 상대에게 관용을 베푼다. 하지만 나보다 약한 누군가를 도와준다는 그 행위의 시발점을 파고들어 가보면 결국 그 행위도 나의 우월함을 상대방에게 표출하는 행위다.

내가 누군가를 도와줄 수 있는 입장이 되고, 내가 이 사람보다 강하고 우월하다는 걸 다르게 표현한 것이다. 이런 말을 하면 도덕과 윤리라는 잣대로 나에게 욕을 하는 사람이 있을 것이다. 욕을 해도 좋다. 관용과 봉사라는 것으로 세상이 더 아름다워지고 살기 좋은 곳이 되는 건 부정할 수 없는 사실이고 나 또한 이런 점이 인간과 동물을 분리할 수 있는 요인 중 하나를 차지한다 생각한다.

인간은 물리적 대립을 두려워하지 않을 때 더 많은 주장을 펼칠 수 있고, 더 많은 사람을 만나며, 통솔할 수 있으며, 더 크고 대담하게 행동할 수 있다.

당신이 역사에서 알고 있는 모든 인물은 한 사람도 빠짐없이 전부 대담했으며 물리적 대립 따윈 두려워하지 않았다. 우리는 운동을 통해 신체를 강인하게 단련할 의무가 있다. 나 또한 웨이트트레이닝과 격투기를 즐긴다. 나는 누군가와의 물리적 대립과 트러블이 두렵지 않다. 그래서 더 당당하게 행동하고 내 소신을 눈치 보지 않고 발언할 수 있다.

인류 역사를 통틀어서 약한 자에게 주어지는 기회와 발언권 그리고 존중이란 건 존재하지 않았다. 더 많은 기회와 발언권을 원하고 존중과 존경을 받기를 바란다면, 우리는 신체 단련을 게을리 해선 안 된다. 기억해라, 우리가 지금보다 위대하고 조금 더 가치 있는 삶을 살고 싶다면 육체를 단련하는 것은 선택이 아닌 의무다.

5.

가슴은 뜨겁게,
머리는 차갑게

사업을 하는 동안 대부분 열정적이었다. 뭐든 할 수 있고, 잘될 것이라고 생각하고, 긍정적인 마음을 잃지 않았다. 지금 힘들 수 있어도 이 힘듦이 오래가지 않을 것이고, 이 실패가 더 큰 성공을 위한 도약점이라고 생각하면서 살았다. 물론 지금 또한 그 생각이 변하지 않았다. 그 마음 그대로다. 오히려 그때보다 회복탄력성이 커졌고, 어떤 문제든지 해결 방법이 없는 문제는 없다고 생각한다. 하지만 사업이 가장 큰 위기를 맞았을 때 크게 배운 점 한 가지가 있다. '가슴은 뜨겁게, 머리는 차갑게.'

그동안 난 사업을 하면서 가슴과 머리 모두 뜨거웠다. 불타는 열정으로 어떤 것이든 부딪히면서 익혔다. 하지만 정말로 위기 상황이 오니 두려웠고 긍정적인 생각 따위는 들지 않았다. '진짜 이거 나 망하는 거 아닌가? 이때까지 생각했잖아, 망해봤자 별거 없잖아. 다시 시작하면 되잖아.' 그렇게 머릿속으로 긍정적인 생각을 했지만, 솔직하게 정말 두려웠다. 부모님의 도움이 아니었다면 위기를 벗어나지 못했을 수 있다. 그 위기를 넘기고 생각했다. '불타는 마음과 긍정적인 생각을 갖되 냉철하고 면밀한 분석 그리고 최대한 많은 넥스트 플랜이 필요하구나.' 부끄러운 말이지만 이제껏 사업을 하면서, 매출, 매입, 손익분기점 등 회계를 내가 관리하지 않았다.

지금은 수치로 표현할 수 있는 것, 데이터로 표현할 수 있는 것, 숫자와 그래프로 표현할 수 있는 것들 모두 시각화한다. 작은 것 하나하나 다시 한번 생각해 보고 지출하기 시작했고, 어떤 지출이든지 '이게 과연 필요할까? 굳이?'라는 말을 한 번 더 붙인다. 거래처 관리를 위해서 거래처 담당자의 사소한 것들까지 기록하고 다른 누가 보더라도 인수인계되게끔 시각화시켰다. 그동안 나는 가슴으로만 움직였다. 위기를 겪고 나니 그동안 보이지 않았고, 희미하게 잡히던 것들이 뚜렷하게 보이기 시작했다. 날카로운 검을 쥔 듯 조심스러우며, 도끼로 장작을 패듯 대담하게 행동했다. '머리는 차갑게'라는 말이 소심하게 행동하라는 말이 아니다, 오히려 대담하게 행동하고 크게 움직여야 한다. 하지만 꼭 싸워야 할 전투를 구분하고, 승패를 따져 실패해도 아무 문제가 되지 않는 싸움 혹여나 실패하더라도 이득이 있는 싸움만 해야 한다는 것을 깨달았다. 내가 지휘하는 전투에는 나뿐만 아닌 팀원들의 목숨과 내 그룹의 존망까지 담겨 있기 때문이다.

계산이 끝났다면 대담하게 뛰어들어라. 실패에서 배우며 철저하게 분석하고, 그 분석한 결과를 데이터화고 시각화하고 수치화해라. 적을 수 있고 표현할 수 있는 어떤 것들이든 다 표현해라. 거래처 담당자가 어떤 음식을 선호하고 무슨 날씨를 좋아하며 애인이 있는지 없는지, 엠비티아이가 뭔지 기록해도 좋다. 과한 분석 따위는 없다. 이렇게 하면 패배를 최소한으로 할 수 있을 것이고, 다음 전략을 계획하기 어렵지 않을 것이다.

가슴은 뜨겁게 머리는 차갑게 행동해라. 그리고 겁쟁이처럼 굴지 마라. 싸움에 한 번 졌다고 해서 주눅 들지도 마라. 가슴만 뜨겁다면 객기뿐인 애송이로 보일 것이고 머리만 차갑다면 생각만 할 줄 알고 행동할 줄 모르는 범생이 겁쟁이로 보일 것이다. 명장들은 이 모든 것을 기본 덕으로 갖추고 있다. 당신과 나 또한 그렇게 되어야 한다.

어느 한 곳에도 더 치우치지 마라, 이것만큼은 완벽한 대칭을 고수하고 한쪽으로 저울이 기운다 싶으면, 어느 한쪽을 채워라. 채울 수 없다면 다른 쪽을 버려라. 그리고 대칭을 맞춰라. 이 말은 백 번 천 번 해도 과하지 않다고 생각한다. 열정과 패기, 야망을 담은 가슴과 어떤 것이든 차갑고 냉정하게 분석하는 머리를 가져라.

6.

실전을 통해 배운 경험은 금이다

타인의 경험을 배운 자는 현명하다고 말한다. 맞는 말이다. 하지만 책과 강연을 통해서 타인의 경험을 습득한 것은 수동적인 경험이기에 오래 지속되기 힘들다. 물론 예외는 있겠다. 하지만 지금 나는 보편적인 사람들을 이야기하는 것이다. 실전에서 느낀 경험은 책과 강연을 통해서 타인의 경험을 흡수한 것과는 '차원'이 다른 경험이다. 당신이 몸으로 부딪쳐 느낀 능동적인 경험은 수동적 경험에 비해 오래갈 것이다. 물론 평생 갈 순 없다고 생각한다. 인간은 망각의 동물이기 때문에 어떤 경험이든 기억 속에서 흐려지기 마련이다. 군대에 있을 때 전역만 한다면, 정말 열심히 살고 뭐든 다 할 수 있을 거 같다는 생각은 전역하고 3개월만 지나면 어항 속 고기밥 녹듯 사라진다. 하지만 경험은 당신을 성숙하게 만들었고 추후 겪을 경험 또한 당신을 성숙하게 만들 것이다.

어떤 일은 경험을 통해서만 깨달을 수 있는 것도 있다. 내가 경험한 사건이, 경험을 통해서만 깨달을 수 있는 일이라고 믿자. 그리고 최대한 오랫동안 그 마음을 가지고 있자. 뚜껑을 열어두면 빠르게 휘발되는 것이 기억이고 경험이니 뚜껑을 을 닫고 기록하며 주기적으로 상기하자.

어떤 저명한 사람이 적은 문학 속 주인공들의 사랑 이야기를 본다 한들 진짜 당신이 사랑을 해본 것과 비교할 수 없을 것이다. 사랑을 해보고 가슴 아파본 사람이 그런 문학을 보며 공감할 것이다. 활자로는 초콜릿의 달콤함을 다 설명하지 못한다. 말로는 누군가에게 당한 치욕을 설명하지 못한다. 당신이 몸으로 경험하고 느낀 것은 글과 말보다 더 값지고 몇 십 배는 소중하게 여겨야 할 것이다. 투자에 실패해서 큰돈을 잃었다면 그 잃은 돈만큼의 값진 수업을 들은 것이다. 사업에 몇 번 실패했다면, 그 사업을 하면서 쓴 시간과 돈만큼의 경험은 당신에게 축적되었다. 우리는 타인의 경험을 통해 배우는 것만을 대단하게 생각한다. 하지만 본인이 직접 부딪히고 경험하고 배우는 것은, 이것과 비교도 안 될 만큼 크게, 당신을 성장시켜주고 자양분이 되어줄 것이라고 확신할 수 있다. 당신이 여태 부딪히며 배운 실전경험은 금이다. 그리고 앞으로도 그럴 것이다.

7.

시선이라는 철창을
깨부숴라

주변 사람 중에 유달리 타인의 눈치를 많이 보고, 시선을 많이 의식하는 사람 있는가? 당신은 어떤가? 아마 한두 명 정도 생각나는 사람이 있을 것이다. '이렇게 행동했을 때 저 사람은 나를 어떻게 생각할까?', '아무도 이렇게 안 하는데, 이렇게 행동하면 나 혼자 너무 튀는 건가?' 나는 이런 사람들을 보면 조금 안타깝다는 생각이 든다. 타인의 눈치를 많이 본다는 것은, 대개 남들보다 이타적이거나, 군중심리에 휩싸이기 쉽다거나 혹은 사회적 위치가 굉장히 낮은 사람일 가능성이 높다. 눈치를 많이 보는 사람이 무조건 이타적인 것도 아니고, 무조건 군중심리에 약한 것도 아니며 사회적 지위가 낮지도 않을 수도 있다. 하지만, 이런 사람들의 비중이 대체로 높다.

타인의 눈치만 보고 행동하는 것은, 본인의 자아가 시킨 행동이 아니라 타인의 기대에 맞추어 행동하는 꼭두각시와 다름없다. 그렇게 사는 삶은 스스로가 온전히 본인의 인생의 주인으로 사는 삶이 아니다. 타인의 인생을 사는 것이다. 왜 그렇게 사는가, 당신과 나는 천년만년 살 수 없다. 기껏해야 앞으로 60년 정도밖에 살 수 없다. 인생을 낭비할 시간이 없다는 말이다. 난 특정한 분야를 통달한 전문지식인도 아니고, 돈을 엄청나게 많이 번 사업가도 아니며, 그렇다고 대단한 업적이 있는 사람 또한 아니다. 그런 내가 책을 쓴다고 하면 누군가는 '이 사람이 뭔데 책을 쓰는데? 뭐 잘나고 뭐 대단한 게 있다고 책을 쓰냐?'라고 말하는 사람들이 분명 존재할 것이다. 그렇지만 내가 그 사람들의 기분 언짢을까 봐, 혹은 불특정 다수들의 심기가 불편할 것을 고려해 책을 쓰면 안 되는가? 내가 하는 행동이 불특정 다수 혹은 특정인에게 정신적, 금전적, 혹은 물리적 손해를 끼치는 행동이 아닌 이상, 난 내가 하고 싶다고 느끼는 것을 타인의 시선 때문에 하지 않을 이유가 없다.

내가 책을 쓰는 것에 대해서 피해를 본 사람 있으면 나에게 연락해라. 내가, 누군지도 모르고 내 얼굴도 모르는 사람들의 눈치를 봤다면, 이 책은 세상 밖으로 나오지 못했을 것이다. 당신이 하는 행동이 사회적 통념상, 악한 행동으로 분류되지 않는다면, 혹은 법에 저촉되지 않는다면 눈치 보지 말고 행동해라, 최소한 당신과 내가 살고 있는 이 한국 땅에서는 그래도 된다. 매너 없게 행동하고 몰상식한 행동을 하라는 게 아니다. 이 정도는 설명 안 해도 당신이 알 것으로 생각한다.

타인의 눈치를 보지 말고 행동해라. 그래야 진짜 내 삶을 살 수 있고 더 많은 것을 할 수 있다. 남들이 생각하는 나의 모습에 얽매이지 마라. 당신이 생각하는 것보다 사람들과 세상은 나에게 큰 관심이 없다. 잠깐 술자리 안주 혹은 가십거리가 될 수야 있겠지만, 겨우 그런 이유로 당신이 던질 수 있는 야구공의 개수를 줄일 필요가 없다. 가치로운 삶을 살기 위해서는 타인의 삶이 아닌 스스로를 위한 삶을 살아야 한다. 우리는 타인의 시선이라는 철창 안에서 나왔을 때 비로소 진정한 자신으로 살아갈 수 있다.

값싼 위대함은 없다

8.

돈 때문에
자살을 생각하고 있다면

우리가 살면서 우울감, 좌절감, 절망을 느끼는 이유 중 90%는 경제적인 문제와 관련이 깊다. 사업이 실패했다거나, 주식 혹은 비트코인 투자에 실패해서 큰 손실과 빚을 졌을 때 사람들은 상실감, 좌절감을 느끼고 스트레스에 정신적 고통을 호소하며 이렇게 살 바에 차라리 스스로 목숨을 끝내는 편이 더 편하다고 생각한다.

당신이 혹시 이 책을 읽으면서 자살을 생각하고 있다면, 내가 질문을 두 가지만 하겠다. 당신이 죽으려고 하는 이유가 '더 이상 이렇게 살고 싶지 않아서'인가? 아니면 사후세계가 궁금해서인가, 두 번째 이유로 자살을 생각한다면 솔직하게 뭐 해 줄 말은 없다. 하지만 첫 번째 이유라면 당신이 죽을 이유는 전혀 없다. 난 당신을 회유하고 설득해서 자살을 막은 영웅이 될 생각도 없고 의무 또한 없다. 이 글을 읽고도 경제적인 이유로 빚 때문에 힘들어서 자살하고 싶다면, 당신이 죽고 난 후 남아 있을 사람들을 한번 떠올려보고 그래도 자살한다면 당신이 좋은 세상으로 가길 바란다.

질문하겠다. 당신 빚의 무게는 당신 목숨의 무게보다 무거운가? 1초도 고민할 여지없이 정답은 '아니'다. 나는 당신과 일면식도 없고, 당신이 무슨 삶을 살아왔는지 모르고 당신이 가지고 있는 빚이 얼마인지도 모른다. 하지만 이런 것들을 몰라도 당신 빚의 무게는 당신의 목숨보다 무겁지 않다.

당신이 빚이 3억 있는 사람이라고 가정하겠다. 당신은 1금융, 2금융 리스, 저축은행까지 모두 사용한 상태라, 더 이상 당신한테 나올 수 있는 대출은 없다. 당신에게는 매달 은행으로부터 상환 요구 전화, 그리고 각종 의료보험, 전기세, 수도세 등 청구서들만 날아온다. 당신은 원리금 균등 상환방식으로 3억 원의 빚이 있으며 대출 기한은 5년, 은행권 대출 이율과 리스 캐피탈 등의 대출 이율의 평균을 합해서 연이율이 8%라고 가정하자. 그러면 약 64,900,000원의 이자와 원금 3억 원 합치면 3억 6천5백만 원을 내야 한다. 그러니까 한 달에 약 6백 10만 원의 돈이 당신 통장에서 빠져나간다. 당신은 공황에 빠질 것이다. 어떻게 해야 할까, 자살해야 할까?

아니, 당신은 정신을 똑바로 차리고 지금 상황을 타개할 수 있는 모든 방법을 동원해야 한다. 사업이 망했다면. 우선 현금을 빠르게 확보할 수 있으며 진입장벽이 낮은 직업을 찾아라. 개인적으로 '쿠팡맨'을 추천한다. 택배 및 생수 배달, 쿠팡맨 같은 택배 배달일이 육체적으로 고되긴 하지만 하루 14시간, 주 6일을 한다면 세금을 다 떼고 4백만 원 후반에서 5백만 원은 가져갈 수 있다. 이런 택배 일은 모두 개인사업자를 필요로 하고 개인 차량이 있어야 한다. 하지만 당신이 1톤 차량이 없을 확률이 높기에 회사에서 차를 대차 받아야 한다. 쿠팡맨을 제외한 타 택배사의 대차비는 6개월~1년 계약으로 약 350만 원 정도다. 당신은 이 금액을 일시불로 지급할 여력이 없을 것이기에 쿠팡맨을 추천하는 것이다. 쿠팡맨은 대차비가 50만 원 정도로 타 회사보다 300만원 더 저렴하다. 이 또한 담당자와 잘 이야기한다면 가불로 처리할 수 있다. 한 달 30일 중 24일을 일해야 한다. 하루 24시간 중 14시간을 택배 일을 통해 5백만 원의 현금 흐름을 만든다. 당신에게는 통째로 비는 4일 즉, 96시간과 택배 일과를 마친 후 사용할 수 있는 10시간이 남아 있다. 6시간은 당신의 수면시간으로 보장하더라도 택배 일을 하는 날 4시간을 더 사용할 수 있다. 이 시간 최저시급을 받는 아르바이트를 한다면 2023년 기준 $9,620$원×4시간 = $38,420$원×6일 = $230,880$원×4주 = $923,520$원을 더 확보할 수 있다. 이렇게 단시간 하는 아르바이트생들은 보통 4대 보험이 아닌 프리랜서 세금 3.3%를 적용하기에 약 89만 원의 현금을 추가 확보할 수 있다. 그리고 당신이 택배 일을 쉬는 4일(96시간) 중 수면시간 6시간×4일 = 24시간을 제외한 72시간이 남아 있다. 이 또한 2023년 기준 최저임금으로 계산하면 9,620원×72시간 = 692,640원이 더 확보된다. 당신이 택배 일을 하는 주 6일로 한 달 589만 원을 확보하고 택배 일을 하지 않는 4일간 확보한 69만 원을 합하면 한 달 약 650만 원을 벌 수 있다. 한 달 대출금 610만 원을 내더라도 40만 원 정도의 금액이 남는다. 이제 이 금액들을 당신이 갚아야 할 공과금 순위를 매겨 갚아 나가라. 핸드폰 비용 및 전기세, 수도세 같은 경우에는 한 번에 다 납부를 안 하고, 조금씩만이라도 납부한다면 나라에서 전기 및 수도를 완전히 끊지는 않는다.

물론 지금 내가 설명한 예시는 너무나 빈틈이 많다. 하지만 최소한 절대로 허무맹랑한 이야기는 아니다. 실제로 투잡 쓰리잡을 해서 빚을 갚아 나가는 사람들은 셀 수 없이 많다. 난 당신에게 현실적으로 정말 실행할 수 있는 조언을 해주는 것이다. 나머지는 당신의 선택이다.

사업을 하면서 많은 위기가 있었고 앞으로도 그런 위기가 있겠지만 난 돈 때문에 죽음을 선택하지 않을 것이다. 내 목숨과 당신 목숨이, 액수가 얼마건 상관없이 돈보다 가볍지는 않다. 육체적으로 고된 상황에 봉착

했기에 자존심도 상하고 큰 상실감과 좌절감이 있을 수 있겠지만, 당신은 자살이라는 더 극단적인 상황을 이겨냈다는 사실을 잊지 마라. 당신은 아주 큰 퀘스트를 완수했다. 정신적으로 몇 단계 레벨 업한 상태이다. 당신은 100억을 줘도 얻을 수 없는 초강력 멘탈을 만들었다. 이제 어지간한 일에 당신은 스트레스받지 않을 것이고 담담할 것이며 대담할 것이다.

경제적인 능력이 부족하면 자유가 부족한 것과 다름없다. 자본주의, 자유경쟁 시장에서는 경제력이 곧 자유다. 20살이 된 청년들이 군대에 가기 싫어하는 이유는 자유를 박탈당하기 때문이다. 범죄자들이 감옥에 들어가기 싫어하는 이유 또한 자유를 박탈당하기 때문이다. 지금 경제적인 능력 때문에 당신의 자유가 박탈당하고 있다고 생각된다면 다르게 행동해 봐야 할 때일 수 있다. 나 또한 많은 돈을 벌어본 적이 없기에 내가 원하는 완벽한 자유를 느껴 본 적이 없다. 그렇지만 그런 자유를 얻기 위해 노력하는 중이고, 이 길에 시련이 있더라도 죽음으로 삶을 포기하지 않을 것이다. 당신 또한 그런 선택을 하길 바란다.

우리의 삶은 하느님이 주신 가장 값진 선물이며, 우리를 낳아주신 어머니의 젊음이자, 아버지의 땀과 고통과 인내가 그대로 녹아 있다. 우린 이것을 감사히 받아서 자신이 세상에 나온 의무와 해야 할 일을 찾아가며 살아야 한다. 슬픈 영화를 보고 펑펑 울고, 크게 소리를 지르고 다시 일어나라, 아름다운 세상에 살아 있으면 기회는 있다. 모든 고통은 순간이며 순간은 찰나이다. 찰나는 오래가지 않는다. 뭐든 할 수 있다.

시련과 고통을 겪지 않으며 성장한 위대한 인물은 아무도 없다. 가치로운 삶을 살기 위해서는 시련과 고통은 필수적으로 동반되며 그 삶의 일부이다. 지금 당신의 경제적인 고통이 당신의 미래에 가장 큰 경험이며 자산이 될 것이다. 포기하지 않으면 끝나는 게 아니며 살아 있는 한 포기 하지 않을 수 있다. 포기하지 않는 당신이 자랑스럽고 존경스럽다.
이 말은 한 치에 거짓도 없는 진심이다.

9.

기준을 지키되
유연하라

우리가 살고 있는 이 세상은 복잡계이다. 우리가 지나가는 모든 길에는 다양한 변수가 존재한다. 그렇기에 하나의 방법과 길만으로는 당신이 바라는 도착지까지 가기 힘들 수 있다.

우리는 조금 더 유연해져야 하며 부드러워져야 한다. 상황에 맞게 임기응변하며 처세술을 익혀야 한다. 신이 아닌 이상, 모든 상황을 정확히 예측하고 정답을 맞추는 건 불가능하다. 그렇기에 여러 의견을 듣고 수긍할 수 있어야 한다. 때에 따라서는, 가려고 한 방향 자체를 완전히 수정할 수도 있고, 가는 방법만 수정할 수 있다.

좁은 바위틈이나 동굴을 탐사할 때 혹은 인간의 몸속을 볼 때 사용하는 내시경조차도 이리저리 잘 휘어지는 유연한 소재로 만들어졌다. 곧은 모양으로는 입구조차 들어갈 수 없을 때가 많다.

이미 성공한 사람들은 입 모아 유연해지라고 말한다.(롭 무어의 책 중에서 『결단』이라는 책을 보면 유연함에 잘 이야기하고 있으니, 한번 읽어보는 것을 추천한다.) 우리는 이들이 이야기한 것처럼, 유연한 사고방식과 다양한 의견에 귀 기울이기는 태도를 가져야 한다. 그러면서도 자신만의 기준점이 꼭 필요하다. 그 기준점이 없다면 당신은 유연한 것이 아니고, 우유부단한 것이다. 그 기준점에서 오른쪽이든 왼쪽이든 움직이는 것이고 전략을 세워야 하는 것이다. 기준점을 완전히 벗어나도 상관없다, 하지만 기준점이 어디인지 기억은 해야 한다. 자신의 줏대, 기준, 명확한 태도라는 게 있어야 한다.

나는 어떤 철학자의 책을 읽든 훌륭한 위인의 책을 읽든 무조건 수용하는 태도는 좋지 않다고 생각한다. 본인이 생각하는 것이 있고, 그것을 논리적으로 주장할 수 있어야 한다. 물론 잘못된 사상과 신념을 가지고 있으면 위험하겠지만, 이 이야기는 내가 지금 하는 것과는 또 다른 이야기니까 넘어가고 다음에 이야기해보도록 하자. 누군가는 말한다. '당신보다 똑똑한 사람이 말한 거니까 그냥 머리에 넣어.'라고. 과연 그게 맞을까, 물론 똑똑한 사람이 한 말이 그렇지 못한 사람이 한 말에 비해 높은 확률로 맞는 말일 것이다. 하지만 본인의 사고능력을 완벽하게 제한하고 받아들이기만 한다면, 더 이상의 발전과 그 이상의 것은 창출하기 힘들 것이다.

우리는 어떤 것이든지 본인만의 기준이 있어야 하며, 그 기준에서 유연하게 움직여야 한다. 방금 말한 것처럼 나보다 월등하게 뛰어난 누군가가 나에게 조언해준다면, 나는 머릿속에서 한 번 더 점검해 보고 받아들일 것은 받아들이고, 아니다 싶은 것은 걸러 들을 것이다. 비록 내 행동이 성공으로, 혹은 월등해지는 길로 가는 것에 브레이크가 될지라도, 나는 아무런 생각 없이 타인의 생각과 논리와 주장만 받아들이는 1차원적 캐릭터로 살아가고 싶지는 않다. 당신도 당신만의 가치관과 생각을 기준으로 유연하게 움직일 수 있는 사람이 된다면 어떨까 한다. 결국 유연해지라는 말은 기준을 잡으라는 말과 같은 말이라고 생각한다. 지금 눈을 감고 당신이 세운 기준들을 나열해 봐라. 명확한 기준이 있는 것들이 있고 명확한 기준이 없는 것들도 있을 것이다. 명확한 기준이 없는 것들은 노트를 펼친 후 적어라. 그리고 기준을 세워라. 우리가 가치 있는 삶을 살아가기 위해서는 반드시 자신만의 기준이 필요하며 동시에 유연함을 길러야 한다.

10.

당신의 품격은
안녕한가

본인의 인품과 인격을 만들 수 있는 건, 오직 본인이다. 하느님께서 인간을 만드셨기에 우리는 세상에 나오면서 기본적으로 존엄을 가지고 태어났다. 많은 사람은 하느님이 주신 이 존엄이란 것을 아무짝에 쓸모없는 쓰레기 취급하며 스스로 이것을 땅바닥에다 내다 버린다.

오토바이로 음식을 배달하는 사람은 배달 기사라고 칭하고, 노고에 존중을 가미해서 그들을 부를 때는 기사님이라고 칭한다. 이들의 존엄이 땅바닥을 뚫고 지하까지 파고들어 가는 것을 보면 안타깝다. 우리는 존엄이 땅바닥에 떨어진 배달 기사를 보고 '딸배'라고 칭한다. 2030세대라면 전부 아는 단어다. 이 단어의 어원은 잘 모르겠지만 배달 기사를 낮추어 일컫는 말이라는 건 알고 있다. 음식 배달일을 하는 사람 중 몇몇 사람들은 교통법규를 무시하고 오토바이를 운행하며, 심지어는 보행자를 위협하기도 하고, 함께 차도로 달리고 있는 차를 위협하기까지 한다. 안타깝다. 이런 행동을 하는 '딸배'가 안타까운 게 아닌, 배달 기사님들이 안타깝다.

차를 한 번이라도 운전해 본 사람들은 오토바이 배달원을 왜 딸배라고 부르는지 알 것이고, 한 번쯤 다 욕해봤을 것이다. '저 새끼, 저렇게 운전해서 지금까지 살아있는 게 용하다. 저 새끼 빽은 하느님 빽인가 보네.' 이런 말이 절로 나온다. 나 또한 오토바이로 배달 아르바이트를 해봤다. 나와 함께 일했던 분 중에는 인성과 인품이 갖춰진 분들이 정말 많았다. 사랑하는 아내를 위해서, 사랑하는 아들 딸들을 위해서, 어머니 아버지가 조금 더 물질적으로 풍요로운 삶을 누리게 하려고 투잡으로 하시는 분들이었다. 멋진 분들이고 강한 정신력에 존경스럽기까지 했다. 지금도 마찬가지로 그분들이 존경스럽고 그분들이 원하는 목표를 이루고 원하는 삶을 살기를 기도한다.

본인의 행동이 타인을 위협하는 행위가 되는 순간 그 사람들은 더 이상 타인에게 존중받을 수 없다. 번화가에서 술에 잔뜩 취한 채, 경찰관에게 폭력을 하는 취객, 욕설을 퍼붓는 취객. 존중받을 수 없다. 난폭운전으로 도로의 차와 사람을 위협하는 오토바이 운전자. 존중받을 수 없다. 자신의 가치를 스스로 깎아내리는 사람들이다.

하느님께서 모든 인간을 존엄하게 창조하신 것이 분명 맞다. 하지만 그 존엄과 인간의 가치를 유지하는 것은 본인의 과업이다. 본인의 존엄을 스스로 버린 사람은 존중을 갈구해선 안 된다. 괄시받고 싶지 않고 타인에게 멸시받고 싶지 않은가. 그건 우리의 태도와 행동거지에 따라 결정된다. 모든 인간은 영화 속 주인공들처럼 자애롭지 않다. 우리가 하는 모든 행위를 눈감고 넘겨줄 수 있는 건 우리를 낳아준 어머니 정도일 것이다. 그 외의 우리 모든 행동은 타인의 눈에서 옳고 그름이라는 것으로 판명될 것이고, 좋든 싫든 우리의 가치는 사람들의 눈에 결정된다. 어떤 잘잘못을 따진다거나 옳고 그름을 말하는 것이 아니다. 태도와 행위 그리고 존엄의 그 자체만을 이야기하는 것이다. 우리가 지구에 발을 딛고 있는 이상, 우리의 인품과 인격을 만드는 것은 우리다.

모든 인간은 고귀하게 태어났지만, 그 고귀함을 죽기 전까지 유지하는 것은 스스로 의무이자 과제이다. 언제, 어떻게 인간의 존엄을 포기할지는 자신만이 정할 수 있다. 지금 내 자신을 한번 되돌아보며 물었다. 당신 또한 질문해봐라. 내 품격은 지금 안녕한가?

11.

당신 자신, 그리고
삶을 사랑하라

좋은 생각을 가지고 싶다면 걸어라. 나는 생각을 위한 시간을 가질 때 작업실에서 앉아 있기도 하지만. 무작정 걷기도 한다, 동네를 산책하기도 하고, 한 번도 가보지 않았던 곳을 걸어가 보기도 한다. 산책할 때면 침대에서 누워 있을 때와 작업실에 앉아 있을 때와 또 다른 생각을 하게 된다. 작업실에 앉아서 생각을 할 때는 차갑게 생각한다. 하지만 밖을 산책할 때 생각은 그 반대다. 따뜻한 생각을 하게 된다.

실제로 우리가 걸을 때 발바닥이 지면에 닿으면서 몸속에 세로토닌 분비를 활성화해 긍정적인 생각이 들게 하며, 당신이 산책할 때 당신 눈에 보이는 시각적인 것들이 당신을 자극해 더 좋은 아이디어 그리고 색다른 무엇인가를 떠올리게 한다. 나는 산책을 할 때, 상점의 간판들과 회사 이름을 보기 위해 두리번거린다. 다른 사람들은 무슨 일을 통해서 돈을 벌고 또 어떻게 살아갈까, 내가 하는 것과 접해서 뭔가 시너지를 낼 수 있는 게 없을까 하고 생각한다. 실제로 마크 저커버그, 스티브 잡스, 마윈 등 유명 기업인들도 걷기의 효과에 대해 잘 알고 이를 이용하는 것으로 유명하다. 과거로 거슬러 올라가 동서양의 철학자들 또한 걷기가 주는 긍정적인 효과에 관해 이야기한다. 독일의 철학자 니체는 하루 8시간을 걸을 정도로 산책광이었고 걷기를 통해 아이디어와 생각 그리고 자신의 사상을 정리했다고도 한다. 나 또한 걷다 보면 좋은 아이디어 그리고 긍정적인 마인드 새로운 가능성이 보일 때가 많다. 걷는 것 외에 또 우리는 스스로를 케어하기 위해 다양한 시도와 여러 가지 방법을 사용해봐야 한다.

아름다운 선율을 가진 음악을 들어라. 좋은 생각을 가지기 위해 당신이 필수적으로 해야 할 행동이다. 귀로 소리를 들을 수 있다면 조용한 공간에서 좋은 음악을 들으며 그 선율을 느껴봐라. 음표 간의 쉼으로 이루어진 소절을 느껴라. 음악은 축복 중 하나이다. 당신 또한 좋아하는 음악 장르가 있을 것이고 좋아하는 음악가가 있을 것이다. 없다고 해도 상관없다. 제목을 잘 모르더라도 듣기 좋았던 음악 정도는 있었을 테니. 그 사실만으로 축복이다. 당신은 아름다운 선율을 느낄 수 있는 사람이니.

우리가 좋은 음악을 들을 때면 몸 안에서는 도파민과 세로토닌을 분비시켜 우리의 감정을 어린아이처럼 맑게 해 준다. 음악은 치유제다. 뮤직테라피스트라는 말이 실제로 존재할 뿐더러, 아름다운 음악은 인간의 마음을 정화해 주고 그 사람의 인생을 바꿔줄 만한 생각을 가지게 한다. 가사가 있어도 좋고 없어도 좋다. 개인적으로 나는 가사가 없는 음악을 즐겨 듣는다. 음악은 가장 어두운 것을 가장 빛나게 만들어 주기도 하고 가장 밝은 것을 가장 어둡게 만들어 주기도 하며 하지 못할 것을 하게 만들어 주는 용기를 북돋아 주기도 한다. 인생이 영화보다 영화 같고 드라마보다 더 드라마 같다고 느끼게 해주는 것이 음악이다.

산책해라. 아름다운 음악을 들어라. 좋은 생각과 긍정적인 마음을 가지고 당신을 사랑해주는 행위를 해라. 당신을 사랑해라. 가치 있는 삶으로 가기 위해 첫 번째로 해야 하는 일은 우리 스스로가 각자의 삶을 사랑하는 것이다. 당신을 사랑하고, 당신의 삶을 사랑해라, 그러면 당신이 사랑하는 삶이 가치 있게 느껴질 것이다.

12.

삶이라는 선물에
감사하는 법

주변에 이야기를 들어보면 본인은 군대에서의 2년이 본인 인생에 가장 아까웠던 시간이라고들 이야기한다. "그 시간에 밖에 있었으면 뭘 해도 더 할 수 있지 않았을까?", "최저시급 받는 아르바이트했어도 몇 백 만 원은 모았을 거 같다." 흔한 이야기다, 아마 당신도 들어봤을 것이고, 당신이 그렇게 생각했을 수도 있다. 하지만 이미 시간은 지났고 되돌릴 순 없다. 그 시간에 얻은 게 정말 아무것도 없고, 시간만 버렸다고 생각하면 정말 시간을 버린 것이다.

난 군대에 있는 2년 남짓한 시간 동안 내 인생의 첫 번째 변환을 맞았다. 군대에서 배운 것 중 하나가 감사하는 마음을 가지는 것이다. '5 감사'

라고 들어봤는가? 하루가 마칠 때 그날 하루 동안 있었던 감사한 일을 다섯 가지 적는 것이다. 처음의 군대에서 '5 감사'를 시켰을 때는 선임들도 다 하니까 어쩔 수 없이 했다. 별다른 도리가 없었으니 말이다. 시간이 조금 흘러 내가 선임급이 되었을 때 '5 감사'를 적지 않았다. 굳이 귀찮은 일을 하기 싫었다.

전역을 넉 달 정도 앞두고 있던 어느 날 군대에서 여러 가지 이유로 힘든 시기가 찾아왔다. 내무반에 앉아 한숨을 쉬고 있을 때, 내 발밑에 군 생활을 처음 했을 때부터 쓰던 수첩이 눈에 띄었다. 수첩을 열어 한 장 한 장 넘기며 읽어봤다.

'2016년 9월 2일 가족들과 통화를 할 수 있어 감사합니다.', '2016년 9월 3일 아버지가 어머니를 지킬 수 있는 든든한 남자라서 감사합니다.', '2016년 12월 7일 동생이 훈련소를 건강하게 수료해서 감사합니다.', '2017년 1월 2일 휴가를 나와 자유를 느낄 수 있어 감사합니다.' 그렇게 한참 동안 멍하니 수첩을 보다가 펜을 집어 들어서 적었다. 그 당시 느꼈던 감사한 일들을 모두 적었다. 감사한 일들이 정말 많았다. 셀 수 없을 정도로 감사한 일이 많았고 두서없이 생각나는 대로 모두 다 적었다. 그리고 수첩을 덮었다. 그 순간이 너무 감사하게 느껴졌다.

하느님께서 우리에게 주신 삶이란 선물은 너무나도 짧은 시간이다. 가

혹하다고 느껴질 정도다. 이런 행복을 느낄 수 있는 시간이 100년도 채 되지 않는 게 야속하기까지 하다. 우리는 모두 짧은 삶을 살아간다, 그런데 이것을 인지하지 못하고 있고 소중하고 감사한 것들을 너무 많이 놓치고 있다. 삶은 선물이다. 하느님이 부모님을 통해 나에게 준 선물. 내가 여기에 온 이유가 있고 목적이 있을 것이며 그것을 찾아가기 위해 살아가고 그 과정까지 하나하나 다 선물이라고 생각한다.

　이 책을 쓸 때 마이크로소프트 워드 프로그램이 말썽을 부려 몇 번이나 내가 적었던 글들이 사라졌다. 지금은 폴라리스라는 유료 앱을 다운로드하여서 그 앱을 사용해 이 글을 적고 있다. 편안한 소파에 앉아서 이 글을 적을 수 있어서 감사하다. 마이크로소프트 워드가 말썽이었지만 폴라리스 어플로 글을 쓸 수 있어서 감사하다. 내가 작성했던 글들이 사라지지 않은 것도 감사하다.

　우리가 감사함을 인지하지 못하고 살아간다면 본능에만 충실한 동물과 다를 것이 없고 삶이라는 선물을 진정으로 누릴 수 없을 것이다. 아름다운 야경을 보고 알 수 없는 감정을 느낄 수 있어 감사하고 뭔가 성취하고 싶고 도전하고 싶고 위대해지고 싶다는 야망이 있어서 감사하다. 사랑이라는 감정을 느낄 수 있어서 감사하다. 잠깐 멈춰서 딱 5분만 생각해 봐라. 이 순간 감사하다고 느껴지는 것들을 모조리 생각해 봐라. 그리고 적어 봐라.

모든 순간을 음미할 수 없겠지만 생각이 날 때마다 음미하자, 감사한 것이 없는 삶은 없다. 감사를 음미할 줄 모르는 삶은 그냥 천천히 자살하고 있는 것과 다름없다. 내가 지금 가진 게 아무것도 없고 초라하게 느껴질지 몰라도, 내가 아무렇지 않게 누리고 있는 이 모든 게 누군가는 간절하게 원하고 가지고 싶은 것일 수 있다. 우리는 신에게 받은 삶을 항상 감사하며 음미하는 삶을 가지자. 삶이라는 선물에 감사하는 방법은 우리 스스로가 이것을 인지하며 소중하다고 생각하는 것이다.

13.

더 멀리 보는
여유를 가져라

우리는 더 멀리 가기 위해서 자신을 더 돌아봐야 하고 자신을 사랑하고 자신에게 친절해야 한다.

낮이 있으면 밤이 있다, 우리가 원하든 원하지 않든 밤은 찾아온다. 밤이 깊어지면 우리는 앞이 잘 보이지 않으니 안절부절못하며 불안감을 느낀다. 그럴 때 우리는 더 자신을 사랑하며 자신이 좋아하는 것을 해주며 자신을 돌봐줘야 한다. 음악을 들으며 오로지 음악과 당신만 있는 시간을 가져도 좋고, 달리기 혹은 고강도 웨이트트레이닝을 통해 몸을 녹초로 만들어서 머리를 맑게 해주는 것도 좋다, 명상해도 좋다, 당신이 정서적으로 안정을 느끼는 행동을 해라. 그리고 그 행동을 기억하고 주기적으로 반복해라. 나 같은 경우에는 담배 몇 갑을 사 들고 작업실 안에 들어가서 '유키 구라모토'의 라이브 음원을 듣는다든가, 류이치 사카모토의 음악을 듣는다.(류이치 사카모토는 최근에 별세했다.) 담배를 피우며, 음악을 들으면 마음이 편안해지고 정서적으로 안정감이 느껴진다.

우리는 아침에 눈을 뜨고 밤에 눈을 감을 때까지 너무 많은 스트레스와 혼란, 정치 속에서 살아가고 있다. 이것들은 삶 속 일부이기에 거부할 수는 없다. 그렇기에 우리는, 우리의 마음을 따뜻한 욕조 안에 이따금씩 담가줘야 한다.

멘탈이 삶의 전부다. 내 정신이 아니라면, 내 육체 또한 내가 아니라고 보는 게 맞을 것이다. 당신과 나는 다양한 방법을 이용해, 자신을 사랑할 의무가 있으며, 여유를 가질 필요가 있다. 스스로 친절하고 자신을 진심으로 사랑하는 방법으로 안정을 취해라. 우리가 많은 것을 이루고 가치로운 삶을 찾아가는 길은 쉽지 않은 길이다. 빠르게 달리기도, 천천히 걷기도 해야 한다. 때로는 여유를 가져야 더 멀리 갈 수가 있다는 것을 기억해라.

"오래 살기를 바라기보다
잘 살기를 바라라."

– 벤자민 프랭클린

Chapter 2.

NO PRICE NO GREATNESS

삶에서
관계의 의미란 무엇인가

1.

질투와 시기는
성공의 세금이다

누군가 당신을 깎아내리고, 쓸데없는 트집으로 당신의 위신을 낮추려고 한다면, 그 사람은 당신에게 위기의식을 느끼고 있거나, 당신에게 부러움을 느끼고 있는 거다.

잘 나가고 있는 연예인, 인플루언서, 하는 사업이 잘돼서 돈을 꽤 벌고 있는 친구, 이들의 단점과 꼬투리를 찾는 것에 열중하는 사람들이 있다. 무언가 단정 짓고 싶지는 않지만, 이들만은 열등감에 가득 찬 안타까운 부류다. 당신에게 장난인 듯 진담인 듯한 말투로 웃으면서 당신의 단점을 찾거나 약 올리는 말투로 당신의 인성을 테스트하는 사람이 있다면, 단언컨대 그 사람은 당신에게 열등감, 피해의식, 위기의식, 부러움을 느끼고 있는 거다. 그렇지 않고서야 당신을 깎아내리거나, 굳이 당신의 단점을 농담 반 진담 반으로 당신에게 말하지 않을 것이다. 자신의 상황을 노력으로 개선하는 것보다, 타인을 깎아내리면서 하향 평준화하기가 더 쉽다고 느끼는 것이다. 이들은 본인과 비슷하게 무엇인가 시작했지만, 더 뛰어난 성과를 내는 사람을 봤을 때 이렇게 행동하는 경향이 강하다.

내 주변에도 이런 사람들이 있다. 이런 부류의 사람들이 나에게 대하는 말과 행동을 보면, '내가 남들이 봤을 때 부러움과 질투의 대상이 될 만큼 성장했고 멋진 사람이구나.'라고 생각하며 그 사람들에게, 내가 본인보다 바보 같고 무능한 척을 해 준다. 이들의 말에 하나하나 반응하며 흥분하는 것이 이런 부류의 사람들이 가장 좋아하는 반응이다. 그래서 이런 부류의 사람들이 당신의 인성을 테스트하는 듯 비아냥거리는 태도를 취한다면, 그냥 살짝 웃어주며 '그런 거 같네.'라고 해줘라. 당신의 어른스럽고 여유로운 미소와 관용적 태도가 그 사람에게는 멋쩍음을 선사할 것이다. 당신의 미소와 태도를 보고 오히려 더 열이 받을 수도 있겠다. 그건 그 사람 안에서 처리해야 할 과업이지 당신의 과업이 아니므로 넘어가도록 해라.

주변 사람이 잘되는 것을 진심 어린 마음으로 축하해 주기는 쉬운 일이 아닐 수 있다. 하지만 그 사람을 책잡기 위해 비아냥거리는 태도와 비난은, 그 말을 하는 사람의 수준을 한 번 더 떨어뜨리는 행동이란 것만 알아두자. 유능하고, 교양 있어 보이는 '척'을 굳이 할 필요는 없지만, 적어도 무능하고 천박해 보이기 위해 입을 열 필요는 없지 않은가. 주변에 좋은 일이 생겼거나, 사회적인 인정 혹은 성공이라고 불리는 상태에 이른 사람이 있다면, '어떻게 하면 저 사람을 책잡아서 깎아내릴 수 있을까?' 하고 생각할 게 아닌 다가가서 축하의 말과 리스펙트를 보이며 공손하게 혹은 진지하게 조언을 구해 보는 것이 자신에게 더 도움이 되는 일이 아닐까 싶다.

세상에 성서에 나오는 성인처럼 비난과 조롱을 다 이해해 주며 감싸 안아주는 사람은 별로 없다. 조롱 섞인 농담, 비난을 기억한다. 그리고 언젠가 어떤 방식으로든 그 조롱 섞인 농담과 비난했던 사람에게 돌려준다. 신체에 위해를 가한다거나 폭력을 행사하는 물리적인 방식보다는, 패배감과 열등감을 안겨주는 방식으로. 당신이 만약 누군가에게 시기, 질투, 조롱, 이유 없는 비난을 받고 있다면 축하한다. 당신은 멋지게 성장한 사람이다. 타인에게 받는 질투와 시기는 위대하고 저명한 사람들이 내는 세금이다.

2.

고독과 친해져라

　사랑하는 가족과 좋은 친구가 있는 것은 인생에 있어서 큰 축복이다, 이들과 함께 밥을 먹고 술을 마시며 여행 다니는 건 내 인생에서 행복한 순간 중 하나라고 생각한다. 당신이 항상 그렇게 느끼지는 않겠지만, 이 글을 보고 생각해 본다면 공감할 것이다. 나 또한 부모님과 함께 대화하는 시간이 즐겁고 소중하며, 동생과 술 한잔 같이하는 시간이 너무 감사하고 행복하다. 친구들을 만나 아이 같은 모습으로 허물없이 노는 것도 인생에서 큰 행복 중의 하나이다.

　모든 인간은 타인과의 관계를 맺으며 살아가고 그 관계에서 자신의 가치 혹은 의미를 찾는다. 과거로 거슬러 올라갔을 때 인간은 무리생활을 했었고 그 무리에서 벗어나게 된다면 여러 위험에 노출되어 생존할 확률이 현저히 떨어졌다. 야생동물의 습격을 받을 수도 있고, 혹은 질병에 걸려 누군가의 도움이 필요할 때 도움받지 못한다거나. 혼자서는 사냥하거나 음식을 구하는 것조차 어려웠다. 그렇기에 인간은 무리에 소속되어 있기를 원하고 인간에게 있어서 무리에서 소외되는 감정 혹은 혼자 있다는 감정이 곧 목숨과 직결되는 감정이라고 볼 수 있다. 지금 우리가 살고 있는 시대가 무리에서 벗어나 혹은 타인과의 관계가 멀어진다고 해서 야생동물의 습격을 받거나, 먹을 음식을 구하지 못하는 것은 아니다. 하지만 여전히 우리는 타인과의 관계를 중요시하고 무리에서 이탈되거나 소외된다는 느낌이 들면 외롭다는 감정이 찾아온다. 시대가 지나고 인류는 성장했지만, 인간을 작동시키는 기본 메커니즘은 과거와 크게 변하지 않았다.

외롭다는 감정은 내가 방금 이야기한 것들 이외에도, 실제 우리 인체에 굉장히 해로운 감정이다. 외로움에 빠진 사람의 신체 리듬 및 호르몬은 비만과 성인병에 걸린 사람보다 더 해로우며, 하루 담배를 한 갑 피우는 것과 같은 정도로 신체에 해롭다.(미국 스탠퍼드 대학과 홍콩중문대학이 공동으로 진행한 연구, 학술지 「에이징-US」에 실림.) 타인과의 인간관계가 원만하고 외로움을 느끼지 않는 사람들이 삶의 만족도 및 업무능력 그리고 지능까지 높다는 연구 결과가 있다. 이외에도 다양한 논문 및 연구 결과 그리고 실험에서도 타인과의 관계 및 외로움에 관해서는, 우리 정서 및 신체에 좋고, 나쁜 영향을 주는 것으로 밝혀진 사실이다. 그런데도 우리는 외로움과 혼자 있는 고독에 익숙해져야 한다. 내가 방금까지 외롭거나 인간관계가 좋지 않으면 질병 걸린 것보다 안 좋다느니, 담배를 한 갑 핀 거보다 해롭다느니 이야기를 늘어놓고 왜 갑자기 외로움과 고독함을 견디고 익숙해져야 하냐고 말하는 것이 의아할 수 있다. 우리가 성장하고 앞으로 나아가기 위해서는 외로움과 고독함이 필수이기 때문에 그것에 익숙해져야 한다.

고독과 외로움을 즐겨라. 당신이 친구들을 만나서 힐링이 되거나 발전한다고 느끼거나 혹은 그냥 편하고 즐겁다면 그들을 만나도 된다. 하지만 그냥 혼자 있으면 외롭기에 함께 시간을 때우기 위해서 라면 그만둬라. 그 시간에 운동해라. 책을 보든, 넷플릭스를 보든 그냥 혼자 생각하는 시간을 가져라. 타인과의 관계를 맺음으로써 이점이 되는 사실은 무수히 많다. 하지만 당신은 혼자 서 있는 방법을 배워야 한다. 타인에게 의지하고, 누군가 있어야 당신이 존재할 수 있다고 생각하는 순간 그 생각은 진실이 된다. 금요일 밤에 혼자 집에 있기 싫어서 그냥 아무 모임에 나가서 술을 마신다거나, 혼자 있기 적적해서 친하지도 않은 친구와 만나서 핸드폰만 보고 있는 것은 쓸데없는 짓이다. 왜 스스로 자신을 나약하게 만드는 것인가. 왜 스스로 갑옷을 던져버리고 맨몸으로 들판에 뛰어드는 것인가. 당신이 폐관 수련을 하려는 게 아니면 억지로 자신을 고립시킬 필요는 없다. 나 또한 타인과의 관계에서 행복을 느끼고 만족감과 정서적인 안정을 느낀다. 하지만 또 억지로 타인과의 관계 만들려고 하지도 않는다. 관심도, 재미도 없는 시답지 않은 술자리에 나간다든가 그다지 어울리고 싶지도 않은 사람들과 시시콜콜한 자리를 가지지도 않는다. 오로지 내가 좋아하는 사람, 내가 사랑하는 사람을 만난다. 외로워서 누군가를 만나지 마라. 그리고 고독에 익숙해지고 외로움에 익숙해져라. 우리는 혼자일 때 더 자신과 대화할 시간이 늘어나게 되며, 진정으로 원하는 것을 생각해 보게 된다.

명작을 남긴 작가들도 고독 안에서 글을 썼다. 명곡을 남긴 천재 음악가들도 친구들과 함께 모여 희희낙락하며 곡을 작곡하지 않았다. 명화를 남긴 유명 화가 또한 마찬가지다. 세상의 모든 뛰어난 것들은 인간의 고독 집약체다. 창작은 고통이며 곧 고독이다. 고흐, 셰익스피어, 다빈치, 베토벤, 모차르트 그 누구도 혼자이길 두려워하지 않았다. 우리가 위대해지고 싶다면 고독을 즐길 줄 아는 사람이 되어야 한다. 즐기지 못하더라도 두려워하지 마라. 두려워하지 않는다면 즐길 수 있는 날이 분명 올 것이다.

3.

사랑은 있다

　어쩌면 남자와 여자가 서로 사랑하는 것의 기본적 메커니즘은 성욕일 수가 있겠다. 아름다운 몸을 가진 여성이 자기 가슴과 골반과 엉덩이가 드러난 옷을 입는 것, 남자들이 근육질의 몸매와 복근을 만드는 것 모두 이성에게 잘 보이고 싶은 마음이다. 우리가 외모를 가꾸고 사회적으로 인정받고, 자신을 성장시키는 이유는 근본적으로 이성에게 선택받기 위해서라고 할 수 있다. 당신이 만약 매력적인 이성을 만난다고 가정하자 하지만 그 사람과 성관계를 가질 수 없으며, 성적인 어떠한 접촉도 불가 능하다고 가정했을 때, 당신은 그 이성을 계속해서 만날 것인가? 난 아 니다. 아무리 매력적인 여성을 만나도 그 여자와 어떠한 성적인 접촉 없 이, 동성 친구와 교류하는 것 같은 교류만 해야 한다면 차라리 나는 그 여자보다 덜 매력적일지 몰라도, 성적인 교류를 나눌 수 있는 여자를 만날 것이다.

물론 이게 전부는 절대 아니다. 성적 교류가 있어야 사랑이 시작할 수 있지만, 그것이 전부는 아니다. 사랑이라는 감정은 본래 길어봤자 3년이다. 그 이후는 사랑보다 우정과 의리, 편안함, 소속감에 가깝다. 내가 20대이기에 지금 연인을 만나면 육체적으로 불타는 사랑을 나누겠지만 내가 50대가 돼서도 그럴까. 혹은 그 여성이 50대가 되어서도 20대에 봤던 것처럼 성적인 매력이 느껴질까. 아니라고 생각한다. 결국 시작은 성욕에 기반되었지만, 사랑이란 감정의 종착과 그 이후 지속되는 것들은, 이것들을 초월한 무엇인가로 이어진다는 이야기다.

19세기 독일의 철학자 쇼펜하우어는 사랑이라는 감정이 인간의 성욕에 기반한 감정일 뿐이라고 생각했고 사랑은 없다고 정의 내렸다.(쇼펜하우어, 『사랑은 없다』) 나는 쇼펜하우어라는 철학자를 좋아하며 존경하고, 그의 가치와 사상을 많이 공감하는 편이다. 하지만 이 부분에 대해서는 동의할 수 없다. 사랑이라는 가치가 완전히 성욕에 지배된 감정이라고 생각하지 않는다. 남녀 간의 사랑은 분명히 있으며 그것이 성욕'만'으로 이루어져 있지 않다고 생각한다. 남녀의 사랑은 성욕만이 아닌, 사랑이라는 별개의 고귀한 가치가 있으며 하느님이 인간을 창조하실 때부터 만들어 주셨다.

그러면서도 남자와 여자는 기본적으로 다른 메커니즘으로 사랑을 느 낀다는 것을 안다. 남녀는 서로 사랑을 쟁취하는 방식부터 갈구하는 방 식까지 완벽하게 다르다. 세상에 존재하는 모든 남자는 인정과 성취를 갈구한다. 수정하겠다. 결국 성취를 갈구하는 것도 타인에 대한 인정과 이성에 인정을 바라는 것이다.

남자는 인정을 바라는 종족이다. 남자가 하는 모든 행동은 타인의 인 정을 바라기에 하는 행동이라고 해도 과언이 아니다. 심리학에서는 인 간의 가장 큰 욕망은 인정받으려고 하는 욕구 즉 '인정 욕구'라고 말한다. 내가 지금 이 책을 쓰고 있는 이유도, 불특정 다수 혹은 특정인들에게 인 정받고 싶다는 감정이 포함되어 있다. 당신이 사업을 하고 있다면 당신 이 사업을 해서 돈을 많이 벌려고 하는 이유가 배우자에게 인정받고 가 족들에게 인정받고 스스로 위대해지고 싶기 때문일 거다. 남자가 위험을 무릅쓰고 모험하고 도전하며 성취하려고 하는 행위의 끝에는 타인에게 인정을 받고 싶고 존경을 갈망하는 것에 있다.

반면에 여자는 안정을 바란다. 몇천 년 전 과거에는 위험한 야생동물 과 괴한으로부터 자신과 아이를 보호해 줄 남성을 찾았을 것이고, 현시대에는 자신을 경제적으로, 그리고 심리적으로 안정감을 주며 기댈 수 있는 남자들을 찾는다. 여자들이 대부분 연상을 만나는 이유도 여기에 있다.(대륙별 남녀 평균 나이 차이 - 아프리카 5살 연상, 아시아권 3살 연상, 유럽 3살 연상, 아메리카 3살 연상)

사랑은 다른 성별 간의 다른 목적과, 다른 메커니즘으로 작동하는 것이다. 하지만 사랑은 그 존재 자체로 고결하고 순결하며 가치 있는 감정임에는 분명하다. 사랑이란 감정은 인간을 아둔하게 만들고 무모하게 만들며 용감하게 만들기도 하며, 어떤 것이든 할 수 있게 만드는 인류의 가장 강력한 무기이며 위험한 감정이다. 당신도 사랑이란 감정을 느껴봤을 것이고 나 또한 사랑이란 감정을 느껴봤다. 내가 지금까지 했던 말이 조금의 과정 혹은 거짓과 잘못된 오류가 있다고 생각하는가? 기분 나쁠 수 있다. 모든 진실이 그렇듯, 진실은 우리의 기분과 관계없는 것이다.

당신이 여성이라면 사랑을 얻기 위해, 남자들에게 잘 보이기 위해서 젊음을 어필할 수도 있을 것이고, 화장을 하기도 할 것이고, 섹시한 옷을 입을 수 있다. 그리고 여성성을 어필하기 위해 당신의 요리 실력과 아이를 사랑한다는 점을 이야기할 수도 있을 것이다. 당신이 남성이라면 여성에게 잘 보이기 위해서, 그들과 사랑을 이루기 위해서 권력을 쟁취하려 할 것이고, 돈을 많이 벌려고 할 것이다, 아니면 헬스장에서 운동해 근육질의 몸을 가질 수도 있고 공부해 높은 수준의 학위를 취득해 당신의 지적 능력을 과시할 수도 있다. 어떤 방법도 어떤 것들도 상관없다. 우리가 삶을 살고 우리가 하는 모든 행동은 이성에게 자신을 부각하기 위해서이며, 이는 결국 당신의 유전을 후대에 내릴 수 있는 우선권을 쟁취하려는 행위이다.

남자는 젊고 아름다운 여자와 결혼하고 싶어 한다. 가슴이 크고 골반이 넓으며 이목구비가 아름다운 여자. 그런 여자가 내 아이를 임신하고 낳았을 때 그 아이는 그런 유전자를 받은 아이가 될 것이고, 이는 과거나 지금이나 훌륭한 유전적 요인을 가지고 태어나 생존에 유리하며, 높은 지위를 차지하거나, 높은 지위를 차지한 이성과 만날 확률을 높여준다. 남자가 위대하며 권력을 가지고 많은 부를 가진다는 사실은 더 많은 여성과 성적인 관계든 정신적 교감이든 할 수 있는 기회가 많아진다는 사실이다. 여자가 아름답고 젊다는 사실도 이러한 남자들과 성적인 관계든 정신적인 교감을 하는 것에 우위를 차지한다는 것이다. 물론 현시대에 들어서는 이것들이 리버스될 수가 있다. 여자가 높은 지위와 강력한 권력 부를 축적해 멋진 외모의 남성과의 관계를 가질 수도 있고, 남성이 젊고 섹시하고 매력적인 외모를 가졌기에 방금 이야기한 부류의 여자들과의 관계를 맺는 것에 우위를 차지할 수 있다. 멀리 갈 필요도 없다. 창원시 상남동에 있는 유흥업소만 가보더라도 돈 많은 여성들이 잘생긴 남자들을 하룻밤 데리고 놀 수 있는 호스트바가 있다. 이렇게 시대가 변했기에 바뀐 부분은 있지만 기본적인 메커니즘은 전혀 변하지 않았다는 사실이다.

생물학적인 관점에서 봤을 때도 남자와 여자는 전혀 다른 모습을 보여준다. 남자들은 기회가 주어진다면 1년 365일 동안 1천 명의 여자와 성관계를 통해서 본인의 유전자를 가진 1천 명의 아이를 가질 수 있다. 하지만 여자는 다르다. 1년 365일 동안 1천 명의 남자와 성관계해도 단 한 사람의 아이만 가질 수 있다. 대신 육체적 관계에 대한 권한은 여자가 가지고 있다. 이 사람과 육체적 관계를 할지 말지 정하는 건 여성이다. 멍청해 보이고 한심한 남자와 육체적 관계를 맺으려 하지 않는다. 그렇기에 남자는 본인이 멍청하고 한심하지 않다는 것을 증명하려 한다.

여자는 1년에 단 한 사람의 아이만을 가질 수 있기에 최대한 신중하게 아이를 가져야 하는 것이다. 그래서 보다 똑똑하고 강하며 권력을 가졌으며 위대하며 부를 축적한 남자를 고르는 것이다. 여자가 남자의 부와 권력을 보는 게 속물 같다고 이야기하는 어린 남자들이 있다. 이렇게 말하는 남자들은 여자들이 믿고 걸러도 될 정도로 낮은 지능을 가졌거나, 진실을 받아들이지 못하는 어리석은 남자이다. 만약 그 남자의 아이를 가진다고 해도 그 아이도 높은 확률로 낮은 지능과 논리적 사고를 하기 힘들 것이라는 사실을 염두에 두어라.

　당신이 만약 남자라면 객관적으로 아주 형편없이 아무렇게나 생긴 외모라도 명예와 부를 얻고 위대해진다면 당신이 원하는 조건의 이성을 찾아 사랑을 하는 것에는 별 문제가 없을 것이다. 물론 당신이 부와 명예를 지녔고 위대한 사람이며 외모까지 훌륭하다면, 그러면 금상첨화겠지만. 꼭 그럴 필요는 없다는 것이다. 하지만 당신이 여성이며 객관적으로 남성들이 선호하는 외모가 아니라면, 가능한 자신을 아름답게 가꿔보는 것을 추천한다.

　나는 공인도 정치인도 유명인도 아니고 누구의 눈치를 보며 이 책을 쓸 생각이 없다. 물론 여자가 아름답고 훌륭한 바디를 가지지 않아도, 사랑을 할 수 있고 이성을 만날 수 있다. 하지만 많은 부를 축적했고 권력을 가졌으며 위대한 남자와 사랑은 힘들 것이다. 남자 또한 많은 부와 권력을 가지지 않았더라도 사랑을 할 수가 있으며 이성을 만날 수 있다. 하지만 누가 봐도 아름답고 젊은 미인과 결혼은 힘들 것이다.
　남자와 여자가 만약 같은 메커니즘으로 사랑을 쟁취한다면 남녀는 함께할 수 없을 것이다.
　부부가 아닌 경쟁자가 될 것이다. 경쟁자와 어떻게 한집에서 평생을 함께할 수 있겠는가. 남자와 여자는 서로 다르다. 그렇기에 하나가 되어 같은 곳을 바라볼 수 있다. 우리는 이것을 온전하게 받아들이고 인정할 때 더 숭고하고 아름다운 사랑을 할 수 있다. 사랑은 그 이름만으로 이미 숭고하고 가치가 있다. 그렇기에 당신과 나는 삶을 살아가며 사랑을 찾을 것이며, 사랑받기 위해서 살아갈 것이다. 우리가 삶을 살아가며 맺는 관계 중에 우리를 가장 성장시키며 동시에 우리를 가장 파괴하는 관계가 사랑하는 사람과의 관계이다. 우리는 남녀가 사랑을 작동시키는 방식이 다르다는 것을 인지하며 조금 더 똑똑하게 사랑을 쟁취하자.

4.

기쁜 일도 슬픈 일도
나누려 하지 마라

'기쁨은 나누면 두 배가 되고, 슬픔을 나누면 절반이 된다.' 들어봤을 것이다. 난 이 말에 반만 동의한다. 기쁨이 나눠서 두 배가 될 경우는 정말로 기쁨이 '나눠'질 경우다. 내가 로또 1등에 당첨돼서 20억을 수령하고, 당신에게 콩고물이라도 떨어지면 당신은 기뻐할 것이다, 하지만 이 기쁨조차 당신이 얼마를 받느냐에 따라 달라진다. 내가 19억을 가지고 당신이 1억을 가진다면 당신은 기뻐할 수도, 아닐 수도 있다. 당신이 감사를 모르고 탐욕스럽기 그지없기만 한 사람이라면, 내게 오히려 실망하거나 화를 낼 수도 있다.

슬픔을 나눠서 절반이 될 경우는 없다. 슬픔은 나눌수록 배가된다. 내가 만약 갑상선암 3기 환자다. 내 입장에선 슬픈 일이다. 세상에 도전하고 싶은 일이 아직 너무 많고, 이루고 싶은 일이 많은데 그것을 할 수 있는 시간이 얼마 남지 않아서 슬플 것이다, 그래서 이 슬픔을 나누고자 부모님께 이야기했다, 그 슬픔은 절반이 될까? 물론 당신이나 나나 그렇게 심각한 병에 걸려서 생사를 오가면 슬픔을 나누고 말고를 떠나 이야기하는 게 '보편적'으로 맞다고 생각한다. 슬픔을 나눴을 때, 진정으로 나를 사랑하고 위하는 사람은 그 슬픔을 받고 함께 슬퍼하고 근심이 생겨 정신건강만 악화한다. 설령 내 슬픔을 내가 사랑하는 사람과 반으로 나눠서 내 근심이 덜어진다고 해도 그걸 나누겠는가. 당신은 나눌 것인가.

서울에 상경해 혼자 자취하면서, 밥 못 챙겨 먹는 딸이 부모님과 전화할 때는 항상 '엄마, 나 밥 잘 챙겨 먹어. 어제도 고기 먹었고, 회사 사람들도 너무 잘 챙겨줘.' 이렇게 말한다. 이게 특별한 경우인가? 당신의 근심과 슬픔을 토로하면 당신을 진정으로 사랑하는 사람은 힘들어할 것이고, 당신에게 별 관심 없는 보통 사람들은 잠깐 안타까워하다가 잊거나, 그냥 안타까워하는 '척'할 것이다. 당신을 싫어하는 사람들에게 당신의 슬픔과 근심은 기쁨이 될 것이다. 그 어떤 경우도 당신에게 이득이 되는 경우는 하나도 없다.

당신이 기쁨을 나누고 싶다면 그 기쁨을 정말로 '물질적'으로 나눌 수 있는 사람과 기쁨을 나눠라. 그렇게 못 한다면 당신에게 돌아오는 건 질투와 시기다. 당신이 사업에 성공하거나 투자에 성공했다면 기쁠 것이다. 그 기쁨을 나눴을 때, 기쁨을 나눠 받는 당사자가 바랐던 만큼 물질적인 무엇인가 없다면 당신은 '배은망덕한 놈'이 될 것이며, '돈 벌어서 변한 사람'이 될 뿐이다. 그러니 기쁜 일이든, 슬픈 일이든 나누려 하지 마라.

5.

인맥에 집착하지 마라

당신은 어떤 목표나 목적을 달성하기 위해서 주변의 누군가에게 기대한 적이 있는가, 여기서 말하는 주변의 누군가는 흔히 '인맥'이라고 부르는 사람들을 이야기한다.

우리나라는 인맥 사회라고 한다. 회사에서 승진하기 위해서는 라인을 잘 타야 하고, 사업을 하려면 주변에 알고 있는 인맥이 많아야 하고, 뭘 하기 위해선 누구를 알아야 하고, 한 번쯤은 다들 들어봤을 것이다. 다 맞는 말이 다 주변에 좋은 인맥이 있으면 직장생활을 하든, 사업을 하든 일이 조금 수월하게 풀릴 수 있을 것이고 도움이 된다, 하지만 이런 인맥을 만드는 목적만으로 다양한 모임에 참여할 필요는 없고 술자리를 억지로 가질 필요도 없다.

처음 사회생활을 시작했을 때 나는 정말 피곤한 삶을 살았다. 이 사람들이 나에게 언제 어떻게 도움이 될지 모른다는 생각으로 어떤 술자리든 빠지지 않았고, 그 사람과 좋은 관계를 이어 나가기 위해 애썼던 거 같다. 지금 난 인맥을 만들기 위해 술자리를 가지거나 만나지 않는다. 누군가를 만남으로 인해 내가 즐겁거나 혹은 어떤 모임에 갔을 때 나 스스로 성장하는 느낌이 든다거나, 좋은 인사이트를 얻을 때만 그곳에 간다.

당신이 만약 사업을 하고 있다면 거래처를 찾아야 할 수도 있고 고객을 확보해야 할 수도 있다, 그래서 여러 사람과 알고 있으면 좋다고 생각할 것이다. 하지만 그 사람들이 당신 사업과 관계가 있을 확률이 얼마나 될까, 설사 당신 사업과 그 사람이 관계가 있다고 하더라도 당신에게 도움을 줄 확률이 얼마나 될까, 당신이 그 사람보다 급이 낮다면 그 사람은 당신을 인맥으로 생각하지 않을 것이다. 어쩌다 도움을 줄 수도 있다, 하지만 그런 도움을 받기 위해서 쓸데없는 술자리를 다 돌아다니는 게 과연 효율적인 행동일까, 그 시간에 당신의 실력을 키우는 게 아마 사업을 발전시키는 데 더 큰 도움이 될 것이다.

당신의 실력이 안 된다면 당신은 쓸데없는 술자리에 가서 딸랑거리면서 명함을 건네며 비위 맞춰봤자 당신에게 떨어지는 것은 없다. 그 사람들은 당신을 인맥이라고 생각하지도 않는다, 알코올 비즈니스가 되는 사람은 분명 존재한다, 하지만 그런 식의 알코올 비즈니스, 인맥 비즈니스를 좋아하는 사람이랑 엮이면 당신 사업은 처음부터 끝까지 '을'의 입장에서 끌려다녀야 할 것이고, 그것마저 없다면 당신은 아무것도 가진 게 없는 사람이 되는 것이다. 언제까지 인맥 찾는 모임 그리고 술자리에서 명함을 주면서 돌아다닐 수 있을 거 같은가. 진짜 그 술자리 몇 번으로 당신 인생을 바꿔줄 누군가 혹은 당신 사업을 퀀텀 점프시켜줄 사람을 만날 수 있다고 생각하는가? 그렇게 연결된 관계가 오래갈 수 있다고 생각하는가? 잘 모르겠다고 생각하면 내가 명확하게 답을 내려주겠다. '그럴 일 없다.'

나 또한 사업을 시작하고 처음에는 다양한 경로로 많은 비즈니스 모임에 참석했다, 명함도 주고받았고 술자리도 가지고 했다. 그런 모임에 가면 모임장 혹은 모임의 간부급들이 항상 하는 말이 있다. '지금 당신들 옆에 있는 사람들이 나중에 어떤 관계로 어떻게 만날지 모른다, 좋게 지내서 나쁠 게 없다.' 이런 식의 이야기를 모든 모임에서 한다. 다 맞는 말이다, 어떤 관계로 어떻게 만날지 알 수 없고 좋게 지내서 나쁠 거 없다. 당연한 소리다. 비즈니스 모임을 비난하거나 폄하하는 것이 절대 아니다. 나도 가끔 참석하는 모임이 있고 그 모임에 가끔 나가면 긍정적인 에너지를 받고 초심으로 돌아가 더 열심히 잘해야겠다는 마음이 샘솟는다. 하지만 내가 모임에 참석하는 이유는 내 사업에 도움이 될 인맥을 찾거나 만나기 위해서 가는 게 아닌 오로지 나의 성장을 위해서다. 모임의 긍정적인 에너지와 열정이 좋아서 가는 것뿐이다.

내가 실력이 안 되는데 저 사람이 나를 비즈니스 파트너로 생각하거나 본인이 알고 있는 거래처에 나를 소개해줄까? 나 같으면 해주지 않는다. 그 술자리에서 함께 웃고 떠들고 긍정적인 이야기를 하겠지만 결정적으로 그 사람이 실력이 안 된다면 내 비즈니스와 이 사람을 엮거나 누군가를 소개해주거나 하지는 않는다는 이야기다. 물론 그 사람의 실력이 된다고 느껴지면 비즈니스 파트너가 될 수도 있고, 시너지가 날 것 같은 누군가를 소개해주기도 한다.

목표와 목적을 달성하기 위해 누군가에게 핸들을 주고 전적으로 의지하지 마라. 그런 사람은 나타나지 않는다. 인생의 '키맨' 혹은 '귀인'이란 것이 분명 존재하고 그 사람들을 만나면서 본인이 퀀텀 점프하는 것은 사실이지만, 그 사람들만 찾아다니면서 실력을 키울 시간을 허비하지 마라. 당신의 실력이 돼야 당신 주변의 누군가는 당신의 '귀인', '키맨'이 될 것이다. 당신의 실력과 레벨이 어느 수준까지 오른다면, 그런 사람은 그런 자리 모임이 아니더라도 얼마든지 만날 수 있고 어떻게든 알게 된다.

다시 이야기하지만 난 비즈니스 모임을 폄하하거나 비하하려는 목적이 단 1%도 없다. 그런 비즈니스 모임에서 뭔가 기대하며 목적을 가지고 나가지 말라는 것이다. 그런 목적이 아니라 정말 사람들의 열정과 에너지를 느끼고 싶다면 비즈니스 모임에 가끔 참석하는 것도 추천한다. 당신이 누군가의 인맥이 될 수 있게 실력을 쌓는 데 집중하자. 인맥에 집착하지 마라. 당신이 믿어야 할 건 맞은편 테이블에 앉아서 소주를 따라주는 어떤 사업체 대표가 아닌 당신 자신과 당신의 팀이다.

6.

적에게 못 할 말은
친구에게도 하지 마라

인생을 살아가면서 누구나 자기가 우선순위로 하는 가치가 하나씩 있을 것이다. 건강, 가족, 사랑, 우정, 돈, 자유 등 여러 가지가 있을 것이다. 방금 나열한 가치들은 특별히 내가 소중하게 여겨서 나열했다기보다, 많은 사람이 생각하는 최상의 가치 중에 가장 보편적인 것들을 나열한 것뿐이다. 물론 나도 저 가치들을 굉장히 높은 가치들로 여기고 저기서도 나만의 우선순위가 있다.

그런 말이 있다. '인생을 살면서 좋은 친구를 한 명 얻는 그것만으로 그 인생은 성공한 인생이다.' 누가 한 말인지는 모르겠다. 어떻게 생각하는가. 난 동의한다. 낭만적으로 보이기까지 하는 멋진 말이다. 삼국지를 봐도 도원결의를 맺음으로 그들의 우정을 세상에 과시했고, 철학을 잘 모르는 사람들도 알 듯한 유명한 철학자 소크라테스, 아리스토텔레스, 공자, 등 현인들도 우정에 관해 많은 명언을 남겼다. 세상에 있는 모든 이야기의 주제는 '두 사람의 사랑이야, 세 사람의 사랑 이야기, 두 사람의 우정 이야기, 여행 이야기, 권력 다툼에 관한 이야기'이기도 하다. 그만큼 우정은 옛날부터 많은 사람이 생각한 고귀한 가치 중 하나가 아닐까 하고 생각된다.

이 글을 읽는 당신은 내가 지금까지 우정에 관한 이야기했을 때 떠오르는 친구가 있는가? 그 친구와는 어떻게 알게 되었는가? 얼마나 오랫동안 알았는가? 그 친구를 얼마나 믿고 있는가? 당신이 그 친구를 생각하는 것만큼 그 친구 또한 당신을 생각할 것 같은가? 비꼬거나 조롱하려는 의도가 아니다. 정말로 당신 스스로 생각해 봄으로써 그 친구를 정의해 보란 의미다. 나 또한 오랫동안 알고 지낸 친구 한 명이 있었다. 학창 시절에도 친했고 성인이 돼서도 친했다. 어렸을 때 많이 싸웠고 화해하길 반복했다. 친구와 함께 있으면, 그 함께하는 시간만으로 즐거울 수 있으니 그것만으로 좋았다. 지금은 그 친구와 연락하지 않는다, 그 친구와 말다툼하거나 싸운 건 아니다, 일방적으로 내가 그 친구를 멀리했다. 난 그 친구에게 많은 이야기를 했다, 그 친구는 어떨지 모르겠지만 난 그랬다. 이렇게 이야기했으면 예상가는 이야기이겠지만, 그 친구는 내가 가지고 있던 비밀과 고민을 다른 사람들과의 술자리에서 안주로 삼아 이야기하고 다녔다. 그 친구와 나 사이에 접점이 되는 친구들이 많았다. 그 친구와의 관계에 대해 질문을 하면, 나는 '서운한 거 없다. 그냥 뭐 시간이 안 맞고 하다 보니까 못 본 거지 싸운 거도 없고 아무것도 없다.' 이렇게만 이야기했다. 지금 와서 누가 물어도 그렇게 대답할 것이다. 그 친구 욕을 할 생각도 없고, 다른 사람들에게 '그 친구와 어울리지 마라. 니 비밀은 술안주가 된다'고 할 생각도 없다.

난 그 친구 덕분의 인생에서 큰 교훈을 한 가지 깨달았다. 당신 인생에서 빼놓을 수 없는 소중한 친구가 있다면, 너무 멋진 인생을 살고 있는 거 같다고 이야기해주고 싶다. 하지만 그 친구에게 당신의 모든 비밀과 모든 생각, 모든 것을 공유하지는 말라고 이야기하고 싶다.

당신이 내게 조언을 구한다면 말이다. 나 말고 다른 누군가인 친구는, 결국 제삼자다. 내가 아니다. 언제 어떻게 될지 모르는 것이 인생이다. 오늘의 친구가 내일의 적이 될 수도 있는 어제의 적이 오늘의 친구가 될지도 모르는 일이다. 친구를 소중히 여겨라. 하지만 모든 비밀을 터놓지 않기를 바란다.

7.

관계를
통제하려 들지 마라

    당신은 누군가를 통제하려는 사람인가, 아니면 그냥 있는 그대로 받아들이는 사람인가. 아마 둘 다일 것이다. 당신은 가장 사랑하는 사람 혹은 가까운 사람에게 어떻게 대하는가. 회사에서 혹은 거래처와 있었던 나쁜 일 때문에 화풀이한다거나 신경질적으로 대하지는 않는가. 한번 생각해 봐라. 본래 인간은 자신과 가장 가까운 사람에게 쉽게 화를 내며, 통제하려 하고, 1차원적 감정으로 대한다. 당신만 그러는 것이 아니다. 인간의 뇌가 원래 그렇게 만들어졌다. 인간의 뇌는 자신과 아주 가까운 관계라고 느껴지는 사람을 '타인'으로 분류하는 것이 아닌 '본인'으로 분류하며 행동한다. 인간이 본인을 통제하는 것에 문제를 느끼지 못하는 것처럼 가장 가까운 사람도 '본인'과 동일시하며 그들을 통제하는 것에 대해 문제를 느끼지 못하며 당연하다고 생각한다.

부모가 어린 자녀를 통제하려는 이유는, 본인의 아이가 옳은 방향으로 성장을 했으면 하면 바람 동시에 자신과 동일시하며 또 하나의 '자신'으로 생각하는 것이다. 심지어 부모라는 사람들의 몸에서 나온 사람이니, 더욱더 소유물 혹은 자신의 아바타로 느껴질 수 있다. 그래서 본인이 젊었을 때 못 다한 꿈을 이루게 하려고, 아이가 원하지 않는 진로를 마음대로 정해놓고 그에 따라 살게 하는 경우 또한 매우 흔하다. 그런 부모들은 이렇게 이야기한다. '다 아이 잘됐으면 하는 마음에 시킨 거예요. 의사가 되고, 변호사가 되면 본인이 좋지, 우리가 좋을 게 뭐 있어요.'

인간의 뇌가 원래 그렇게 만들어졌다고 해서, 그렇게 행동해도 되는 것은 아니다. 삶에는 우리가 자각을 통해 허물을 벗어야 하는 상황도 더러 존재한다. 이게 그런 상황이라고 생각한다. 나 또한 어렸을 적에는 동생을 통제하려 했다. 사랑했던 연인에게도 그랬다. 미성숙하고 1차원적인 생각이며, 허물을 벗어내지 못한 나비와 같았다. 부모들도 자녀가 미성년자일 때는 많은 부분을 통제하고 자녀가 성인이 되어갈수록, 자녀 자신의 선택과 의견을 존중하며, 본인이 통제하는 삶을 사는 것을 인정하며 받아들인다.

우리가 가장 가깝다고 생각하는 사람 그리고 사랑하는 사람들과 관계를 오랫동안 지속하고 싶다면, 우리는 이것을 자각하고 반드시 허물을 벗어내야 한다. 관계를 통제하려 하지 마라. 통제와 속박 그리고 강요는 관계를 지속하는 데 도움을 주지 않으며, 노루를 쫓는 사냥꾼의 총과 같다. 자신과 가까운 사람을 더 존중하고 사랑하며 그들에게 감사하며 나와 함께 같은 방향을 보고 있다는 것에 또 신에게 감사하자. 어떤 관계든 그들을 통제하려 들지 마라. 미성숙한 당신을 놔주고 관계에 관해 조금 더 성숙한 당신이 되길 바란다.

8.

모든 관계가
소중하지는 않다

살아가면서 좋든 싫든 우리는 다양한 사람을 만나고 관계를 시작한다. 하지만 시작한 관계를 명확히 끝내는 경우는 '연인' 사이 말고는 드물다. 우리는 이런 관계에 대해 다시 한번 정리하고 되새길 필요가 있다. 우리는 자기 생명력과 에너지만을 소비하는 피곤한 관계를 쉽게 거절하거나 끊어내지 못한다. 여러 가지 이유가 있겠지만 그 이유 중 하나를 들자면 언제 어떻게 만날지 모른다고 생각하기 때문이다. 맞다, 사람은 언제 어디서 어떻게 만날지 모른다. 안 좋게 헤어진 전 여자친구의 오빠를 군대 선임으로 만날 수 있고, 친하게 지내는 친구의 엄마를 차량 접촉 사고 뺑소니범으로 만날 수도 있다. 내가 방금 든 예시는 흔한 일은 아니더라도 그렇게 극단적인 예시는 아니다, 다들 공감할 것이다. 충분히 일어날 수 있는 일들이다. 우리는 이런 '상황'을 '대비'해서 필요 이상의 에너지를 쏟고 있다.

최근 나에게 7년 만에 연락이 온 친구가 있다. 엄청 친한 것도 아니었고, 여러 명이 함께 본 친구 중 한 명이 이었기에 '갑자기 나한테 왜 카톡이?'라는 생각이 먼저 들었고 돈을 빌려달라는 부탁을 할 거면 그냥 차단할 생각이었다. 답장했더니, 그 친구는 나에게 본인이 의류 쇼핑몰을 시작했는데 나에게 쇼핑몰 상세 페이지에 나오는 옷 모델로, 옷을 좀 입어줄 수 있냐며 부탁했다. 그 주 토요일에 30분 정도만 시간 내줄 수 있냐고 물었다. 어려운 일도 아니고 오래 걸리는 일도 아니었기에 수락했다. 그리고 1시간 뒤 전화가 와서 촬영장소가 변경됐다. 미안한데 그 장소로 같이 가주면 안 되겠냐고 나에게 부탁했다. 나는 어차피 하기로 한 거 끝까지 도와주자는 생각으로 가겠다고 했다. 바뀐 장소는 내가 살고 있는 동네에서 차를 타고 1시간 30분 정도 가야 하는 외곽도시였다. 원래 30분 시간 내주기로 했던 일이, 차량 이동만으로 왕복 3시간이 되었다. 그날 아침 12시에 그 친구를 만나 밤 10시가 되어 집에 도착했다. 그 친구는 사진 촬영을 하고 내 개인 컷들은 보정을 해서 내게 보내 준다고 했다. 처음부터 도와준다는 마음으로 했기에 페이에 대한 생각은 없었다. 그날 밤 10시, 그 친구와 헤어진 이후로는 그 친구의 연락은 없었다. 그 친구에게 딱히 서운한 감정은 들지 않았다.

인간관계는 본인의 필요 때문에 찾을 수 있다고 생각한다. 갑자기 누군가의 도움이 필요할 수 있다. 하지만 최소한 그렇게 필요 때문에 누군가를 찾았을 경우 예의는 갖춰야 하고, 도움이 돼서 고맙다는 말은 할 수 있어야 한다. 나 또한 오랫동안 잊고 지내다가 갑자기 누군가의 도움이 필요해 연락을 한 일도 있다. 내가 도움을 요청한 사람에게 진심으로 감사의 표현을 했고, 내가 도울 일이 있다면 절대 잊지 않고 도움을 주겠다고 혼자 약속하기도 했다.

누군가와의 관계를 정리할 타이밍은 다들 한 번씩 느껴 봤을 것이다. 그냥 과감하게 놓아라. 그 사람들이 당신 인생에 어디서 어떻게 만나든 얼마나 큰 파급력을 주겠는가. 단, 적으로 만들지는 마라. 그 사람과 굳이 논쟁을 벌이거나 주먹다짐을 하면서 끝을 내지 마라. 그냥 조용히 잊어라. 그리고 어디선가 만나면 웃으며 인사하고 다음에 밥 한번 먹자고 하고 지나쳐라. 모든 인간관계를 하나하나 다 소중하게 생각할 필요 없다. 정리할 관계는 분명히 있고 그 타이밍은 분명 보일 것이다. 본인에게 이득이 되는 인간관계만을 가져라. 그것이면 충분하다. 아니 그래야만 한다.

난 나에게 이득이 되는 인간관계만을 구축하려 하고, 최대한 그런 사람들만 보려고 한다. 내가 여기서 이야기하는 이득이란 것은 금전적이거나 물질적인 것을 이야기하는 게 아니다. 그 관계를 유지하고 그 사람을 만남으로써 나에게 주는 정서적 편안함, 즐거움, 행복, 자극 이 밖의 다양한 것들을 이야기하는 것이다. 친한 친구들을 만나면 즐겁다, 정서적으로 편안하며 행복하며 안정감이 느껴진다, 그들도 그렇기에 친구들을 만나는 것으로 생각한다. 오랜만에 부모님을 만나 뵈면 행복하다. 어머니 아버지가 조금이라도 더 젊으실 때 효도하고 행복하게 해 드려야겠다는 자극을 받기도 하고, 두 분이 사이가 좋으신 걸 보고 행복함과 안정감을 느끼기도 한다. 대부분의 인간관계에서 느끼는 득이 정신적인 것이다. 이 사람들에게 너무 고맙고 감사하고 사랑을 표현하고 싶다.

누군가를 만났을 때 아무런 재미도 없고, 편하지도 않으며, 당신에게 아무런 정서적인 도움을 주지 않는다고 생각하면, 당신에게 득이 되지 않는 관계이다. 이런 관계를 버려라. 모든 관계가 소중하지는 않고 정리해야 할 관계는 분명히 존재한다. 무가치한 관계만 정리하더라도 우리 인생의 초침은 조금이나마 늘어날 것이다.

9.

물은
위에서 아래로 흐른다

대부분의 형제 사이가 그렇겠지만, 나이가 어릴 때는 형이 동생을 강압적인 태도로 대하며 동생은 형에게 한마디도 못 한다, 그게 형제 사이이다. 나 또한 특별히 다르지 않았다. 어렸을 적에는 동생과 많이 싸웠고 강압적인 태도로 대했다. 그때 내 감정은 동생은 '내가 하는 말을, 원하든 원하지 않든 따라야 한다'고 생각하고 행동했었다. 지금 와서 생각해 보면 그런 관계는 존재하기 힘든 관계이다. 대부분의 형제가 어렸을 적, 형의 일방적인 명령과 강압적 태도에도 불구하고, 관계가 완전히 깨지지 않은 이유는 부모님의 아래 있으며, 한집에 산다는 이유일 것이다. 물론 이마저도 케이스 바이 케이스다. 같은 지붕 아래 살면서 형제들끼리 혹은 자매 남매들끼리 말 한마디 안 하는 경우도 있고, 부모님이 자식들이 싸우든 말든, 관심 없는 경우도 있다. 하지만 우리 집은, 나와 동생이 싸우면 둘이 화해시켜주시고 다시 잘 지낼 수 있게끔 부모님이 만드셨다.

정확하게 언제인지 기억나지 않지만, 내가 어렸을 적 동생과 싸웠을 때, 두 손을 들고 벌을 선 기억이 있다. 그때 어머니가 했던 말씀이 기억난다. '현수야, 아무리 동생이 장난쳤어도 동생을 그렇게 때리면 되니?' 내가 머리가 어느 정도 크고 나서, 고등학교에 다닐 때쯤. 동생과 싸웠을 때, 다시 어머니가 했던 말도 기억이 난다. '현수야, 형이 잘해야지 동생이 따르는 거다. 동생이 조금 잘못한 부분이 있어도 그걸 보듬어주고 감싸주는 게 형이다.'

'당신이 먼저 잘해야, 내가 잘할 것이다.' 이렇게 생각한다는 것은 당신의 생각이 미성숙하다는 증거이고, 아랫사람이 하는 생각이다. 동생과 나는 동등한 인간이다. 인격적으로 동등하지만, 내가 세상에 먼저 태어났기에 형이다. 어머니가 말씀하신 대로 위에서 잘해야 아래에서 따르는 것이었다. 동생이 잘못한 부분이 있더라도 보듬어주고 감싸주어야 형이 되는 것이다. 난 여태까지 말만 형이고, 형 같은 모습을 보인 적 없었던 것 같다.

당신보다 아랫사람이 있다면 그 아랫사람을 인격체로는 동등하게 봐라. 그리고 사회적인 관계가 상하로 나누어져 있다면, 당신이 그 사람을 보듬어주고 끌어주고 감싸줘라. 그걸 할 수 있어야 윗사람이며, 그래야 아랫사람이 윗사람을 따른다. 속 좁은 소인배를 누가 윗사람이라고 생각하겠는가? 난 그런 사람을 형이라고 생각한 적이 한 번도 없다. 물론 그 사람 앞에서는 '형님'이라고 불러준다, 내가 진짜 '형님'이라고 생각해서 부를까? 당신은 어떤가? 윗사람 같지 않은 사람을 윗사람이라고 생각하고 대우하는가? 아닐 것이다. 우리가 윗사람이라면 그에 맞는 행동을 해야, 그에 맞는 대접이 따르는 법이다. 성인이 된 지금은 내 동생은 내 둘도 없는 친구이자 가장 믿고 의지할 수 있는 멋진 남자이고, 나의 든든한 팀이다. 관계란 그렇다. 물과 같은 것이다. 물은 위에서 아래로 흐르고 윗물이 맑아야 아랫물이 맑다. 아랫물에 가장 큰 영향을 주는 건 윗물이다.

10.

부탁하고 요구해라

최근에 친분이 있는 다른 회사 대표님들과 함께 횟집에서 식사한 적이 있다. 바다가 보이며 여유를 즐길 수 있는 멋진 곳이다. 그 횟집은 메인 메뉴인 회 이외 기본으로 나오는 안주가 다른 횟집에서 판매할 수 있을 만큼의 좋은 해물들이 나왔다. 그중에는 빨간색 고둥이 제공됐는데, 그 기본으로 제공되는 고둥이 내 입맛에 딱 맞아서 사장님께 한 번 더 달라고 요구했다. 아마 메뉴판에 따로 판매하는 것이었으면, 돈을 더 내고서라도 몇 번 더 먹었을 것이었다. 횟집에서 판매해도 만 원 정도는 받을 양과 맛이었기에 염치가 있으니, 두 번 이상 리필을 해달라고 할 생각은 없었다. 그렇게 술을 몇 잔 마시고 빨간 고둥을 먹으며 혼잣말 비슷하게, '이거 맛있네요. 더 먹고 싶은데, 따로 안 파네요.'라고 중얼거렸다. 그 이야기를 내 맞은편에 앉아계신 대표님이 듣고는 '왜요? 더 달라고 해보면 되죠.' 하고 말씀하시더니 바로 사장님을 부르며 '이모~ 이것 좀 더 주시면 안 돼요? 너무 맛있어요. 저희 술도 많이 시키고 자주자주 올 거니까 좀 주세요.'라고 애교(?) 섞인 말투로 이야기했다. 그랬더니 사장님은 못 이기는 척 살짝 웃으시더니 '그래 더 줄게!' 하시며 접시를 가져가시더니, 접시에 가득 담아 가져다주셨다.

그때 나는 순간적으로 생각했다. '아, 맞아 그냥 말해보면 되는 건데 나는 뭐가 걱정되고, 뭐가 무서워서 더 달라고 하지 못한 거지?' 정말 머리를 한 대 맞은 기분이었다. 항상 회사에서는 '거래처 담당자가 안 된다고 해도 한 번 더 부탁해 보고, 애살맞게 해서 오케이 사인 받아내어 봐요, 어차피 사람이 하는 일이면 안 되는 거 없어요, 부탁도 해보고 강하게도 말해보고 다 해봐요.'라고 입버릇처럼 내뱉었는데 정작 나는 기본 안주 리필 하나 못하는 놈이 된 것이었다. '우는 아기 젖 준다.'라는 말 들어본 적 있는가.

우리는 원하는 어떤 것을 얻어내기 위해서는 끊임없이 부탁할 수 있어야 하고, 요구할 수 있어야 한다. 나는 누군가에게 아쉬운 소리를 잘 못하는 사람이다. 물론 남에게 아쉬운 소리 하는 걸 좋아하고 잘하는 사람이 어디 있겠냐만, 난 유독 부탁하는 것을 잘 못하고, 거절당하는 것을 두려워하는 사람이었다.

　우리는 원하는 것을 달성하기 위해서 지금보다 좀 더 **뻔뻔해져도** 된다. 물론 너무 **뻔뻔하게** 굴면, 받아들이는 상대방의 기분을 상하게 해서 될 거래도 안 된다. 그 타협점을 잘 캐치하는 게 실력이다. 지금 내 입장에서 할 수 있는 걸 해라. 부탁과 요구가 내가 할 수 있는 것이다. 그것을 들어줄지 말지는 상대방의 일이다. 우리는 우리가 할 수 있는 것을 하면 되고 상대방이 해야 할 일까지 우리가 생각할 필요는 없다. 삶을 살아가면서 수많은 부탁과 요청을 하고 또 그만큼의 거절과 무시를 받는다. 우리는 거절당하는 것에 익숙해져야 한다. 누군가 그랬다. '성공은 얼마만큼의 많은 거절을 들을 수 있는지에 따라 결정된다.' '상대방이 거절하는 것을 당연하게 여겨라.' 물론 그때 기본안주를 더 달라고 하셨던 대표님이 굉장히 멋진 외모를 가지고 계셔서 사장님께 통한 것일 수도 있다. 미인계는 시대를 막론한 최고의 전술이니. 결론은 멋있어지자가 아닌 '더'라고 말할 수 있는 사람이 되자. 부탁하고 요구하자.

11.

대화의 목적을
정해라

누군가를 설득하고 당신 의견을 전달하기 위해 많은 시간을 쓰지 마라, 노력하지 마라. 그 사람이 당신과 꼭 함께 가야 할 사람이 아니라면 설득도 하지 말고 설명도 하지 마라. 그럴 필요가 전혀 없다. 그 사람을 계몽시켜 준다고 해서 당신에게 득이 될 것은 아무것도 없다. 당신의 강력한 논리와 언변으로 상대를 굴복하게 만들고 당신의 말이 맞다는 사실을 입증해도 당신에게 아무런 도움이 될 것이 없다. 논리와 언변으로 상대를 굴복하게 만든다면 실만 있을 것이다. 상대방은 수치심과 모멸감을 느낄 것이고 사실과 관계없이 당신에게 안 좋은 감정을 품을 것이다. 그 것을 바라지는 않을 것 아닌가. 만약 누군가 당신에게 조언을 구한다거나 혹은 문제를 해결해 달라고 해도 논리로 상대를 굴복시키지 마라. 당신의 완벽한 논리와 훌륭한 언변 그리고 똑똑한 머리를 자랑할 기회가 왔다고 생각하며 신나게 이야기하고 싶겠지만, 크게 고마움을 느끼지는 않을 것이다. 누군가에게 설명하고 설득하고 논리적 언변을 펼치고 싶다면 상대방에게 돈을 받아라, 값을 내라고 해라. 그리고 그 값을 받았을 때만 이야기해줘라. 그러면 상대방은 당신을 선생님으로 모실 것이다.

우리는 좋든 싫든 누군가와 대화한다. 가벼운 질문을 하기도 하고, 정말 궁금한 것을 물어보기도 한다. 우리는 여기에 초점을 둬야 한다. 이 대화의 목적이 과연 무엇일까. 이 대화가 내 논리로 상대방의 논리를 부숴야 하는 토론인가, 혹은 같은 목표를 위해 합의점을 찾는 과정인가, 아니면 그냥 별 의미 없이 심심풀이로 하는 스몰토크인가 생각해봐야 한다. 그리고 그에 따라 다른 대화 스탠스를 취해야 한다. 내가 만약 누군가와 어떠한 주제로 토론해서 꼭 이겨야 할 상황일 경우, 나는 내가 아는 모든 지식과 논거를 바탕으로 그 사람의 논리가 얼마나 멍청하고 잘못된 것인지 조목조목 따져가며 상대방의 논리를 가루로 만들 것이다. 토론에서 내가 이기는 것을 목표로 했기 때문이다.

하지만 만약 내가 여자친구와 함께 여행을 가기로 했다고 가정해 보자, 여자친구는 산으로 여행을 가고 싶어 하고 난 바다로 여행 가고 싶어 한다. 우린 이제 대화를 통해 서로 합의점을 찾아야 한다. 어떤가? 굉장히 흔한 주제 아닌가? 당신도 애인이 있다면 이 정도 대화는 해봤을 것이다. 여행지를 정하는 과정이 대화 몇 번에 합의됐다고 가정하자.

여행지는 여자친구가 원하는 산으로 장소를 정했다. 남은 건 여행지에 가서는 무엇을 먹을지, 어디를 다닐지, 어디에서 잘지, 어떤 방에서 잘지 수많은 선택에 놓인다. 우린 매 순간 합의점을 찾아야 한다. 모든 문제가 하나도 빠짐없이 원만한 합의로 이어진다면 굉장히 완벽한 상황이겠지만, 대부분은 그렇지 않다. 커플끼리 여행을 가면 십중팔구는 한 번은 싸운다, 우리가 생각해야 할 것은 이것이다. 왜 싸우는가? 가령 점심 메뉴를 고른다고 하자. 나는 점심 때 치킨을 먹자고 하고 내 여자친구는 피자를 먹자고 한다. 여기서 우리는 '점심을 함께 먹는다'는 공통된 목적을 가지고 있다. '서로 각자 먹고 만나자'는 결론은 보통(?)은 없을 것이다. 그러면 우리는 대화할 때 대화의 스탠스 자체를 타협에 초점을 맞춰야 하고 논리적 근거를 들이밀며 의견을 이야기하기보단 연인이라는 특수성을 고려해 대화하며, 목적에 다가가는 방법을 디자인해야 한다. 상대방의 기분과 내 기분 그리고 우리가 함께 행복하기 위해 여행을 왔다는 것을 인지하고 이것을 토대로 대화의 톤을 가져가야 한다.

내가 만약 여자친구에게 '우린 이미 오늘 아침밥을 먹을 때 탄수화물 위주의 고칼로리 식사를 했어. 몸무게 70kg 한국인 성인 남자 기준 하루 권장 칼로리 섭취량은 1,800kcal고 내가 오늘 아침 너와 함께 먹은 식사는 1,200kcal에 육박해, 아침을 먹고 현재까지 약 3시간이 흘렀고 내 근육량과 내 대사량을 봤을 때는 200kcal조차 사용하지 못했어. 그렇다면 남은 칼로리는 잉여 칼로리로 분류되어 체지방으로 갈 것이고 그렇게 된다면 나는 지금보다 살이 찔 것 같아. 외관적인 부분이야 네가 괜찮다면 나도 괜찮겠지만 우리 집안 내력상 빵과 같은 정제 탄수화물을 과하게 섭취하게 되면 위액이 과다 분비되고 장 활동이 원활하지 못해 화장실을 자주 가게 될 거야. 그렇게 된다면 우리가 오늘 목표로 한 장소들을 가는데 지장이 생기지 않을까? 지장이 생긴다면 너와 내가 한 달을 걸려 기획한 이 여행이 마냥 행복하지는 않을 것이야.'라고 논리적 근거로 이야기한다면 어떨까.

당신이 정신상태가 똑바로 박혀 있고 아이큐가 골든리트리버 더 높다면 이 방법이 훌륭하다고 생각하지는 않을 것이다. 난 내가 알고 있는 논리적 근거와 내 상황을 고려해 이야기했지만, 이런 식의 대화는 연인과의 대화에서 큰 도움이 되지 못한다. 만약 당신이 연인과 헤어지고 싶어 작정했다면 도움이 될 것 같긴 하다. 헤어지려고 작정한 것이 아니라면, 이렇게 대화하는 것보다 '지금 피자를 많이 먹고 싶어? 나 여기 근처에 치킨집이 진짜 유명하다고 해서 미리 알아보고, 네가 줄을 서서 밥을 먹는 게 마음이 쓰여서 예약도 해놨는데, 점심은 우리 치킨 먹고 이따 저녁에 피자 먹으러 갈까?'라고 하는 게 효율적일 것이다. 내가 이렇게 이야기한 이유는 여자친구와의 점심 메뉴를 정하는 데 결과적으로 공통된 의견을 도출해야 하고 함께 가야 할 합의점을 찾아야 하기 때문이다. 함께 여행을 온 목적이 추억을 만들고 함께 즐겁기 때문일 것인데, 논리와 이성만으로 대화에 참여해 승패를 봐선 안 될 것이다.

우린 이렇게 대화를 하면서 '내가 이 대화를 왜 하고 있지? 목적이 뭐지?'라고 생각하고 대화한다면, 조금 더 효율적이며 생산적인 대화가 될 것이다. 당신이 근무하는 직장에 말이 안 통하며, 자기 주장만 내세우는 당신 사수가 뉴스를 보고, '저렇게 정치를 하면 나라가 어떻게 돌아가냐 안 그래?' 하고 동의를 구한다면, 당신이 그 정치인을 지지한다고 해도 당신은 멋쩍게라도 웃으며 '그러게요.'라고 말하며 그 사람과 논쟁하지 않을 것이다. 당신이 논쟁하지 않는 첫 번째 이유는 당신은 그 직장을 계속 다닐 생각이며 두 번째 이유는 그 사수가 말이 안 통하는, 꽉 막힌 사람이기 때문이다. 이처럼 당신은 이미 대화의 목적을 감으로 잡을 줄 알며 그 톤을 구분할 줄 안다. 그러면 이제 당신은 이 대화의 목적과 톤을 조금 더 세분화해서 '누구와', '어떤 목적으로', 대화하는지에 따라 '상대'를 해주느냐, '상대'도 안 해주느냐, '상대'를 한다면 '어떤 목적'을 위해 대화를 이어 나갈 것인가를 생각해라. 이것만 잘 지킨다면 인생에서 스트레스를 받을 일이 하나는 사라질 것이다. 이것뿐만 아닌 모든 것이 그렇겠지만, 알고 모르고의 문제보다는, 자기 삶에 적용하느냐 안 하느냐가 문제일 것이다. 나도 이것을 잘 알고는 있지만, 가끔은 그냥 '무시'를 해야 하는 상대를 논리로 설득하려 하기도 하고, 공통의 목적을 가지고 하나의 합의점을 도출해야 하는 사람에게 '무시'로 일관할 때가 있다. 당신은 대화의 목적을 정함에 있어 나보다 더 잘하길 바란다.

12.

똑똑하게
협상하는 방법

당신에게 문제를 하나 내겠다. 당신이 원하는 목표나 물건 혹은 사람을 얻기 위해서 당신은 논리적인 편이 좋을까 아니면 감성적인 편이 좋을까? 선택했는가? 뭘 선택했든 둘 다 정답이다. 당신이 논리적이어야 뭔가 얻을 수 있는 상황이 있고 감성적이어야 뭔가 얻어낼 수 있는 상황이 있다. 사실 이건 상황에 따라 그리고 사람에 따라 다르다.

우리가 다섯 살짜리 어린아이였을 적, 우리는 원하는 것을 얻기 위해서 애교를 부리기도 하고 떼를 쓰기도 했다. 우리가 성인이 됐을 무렵부터는 원하는 것을 얻기 위해 애교를 부리거나 떼를 쓰는 것과 같이 감정적으로 접근하기보다, 논리와 이성을 앞세워 접근하는 빈도가 잦아진다.

취업하고 싶다고 면접관에게 애교를 부리거나 떼를 써서 합격하는 경우는 드물지(?) 않은가?

오디션 프로그램을 본 적이 있는가? 〈슈퍼스타K〉, 〈보이스 코리아〉, 〈미스터 트롯〉 등 경연프로그램 말이다. 그 프로그램을 봤을 때 최종 10인에 든 사람들의 실력이 과연 얼마나 차이가 날 것으로 생각하는가? 누구는 노래를 수준급으로 부르고 누구는 아직 배우는 단계인가? 아니다. 경연프로그램에서 어느 정도의 수준까지 올라간 이후부터 그 사람들의 실력은 이미 어느 기준을 통과 사람들이며 그 뒤로 매겨지는 순위는 시청자들의 인기투표와 심사위원들의 개인 취향이다. 당신도 알 것이다. 이런 프로그램을 한 번이라도 봤다면. 이 사람들은 이미 '논리적, 이성적'으로 어필할 수 있는 시험인 '노래 실력'을 통과했다, 그러면 다음은? 바로 '감성과 감정'의 영역이다. 누가 더 절박한가, 누가 더 가슴 아픈 사연을 가지고 있는가, 누가 더 성공해야 할 이유가 있는가를 본다.

내가 만약 〈슈퍼스타 K〉 본선까지 진출했다면 나는 노래를 부르다가 1절이 끝나고 펑펑 울 것이다, 그리고 고향에 계신 엄마 생각이 난다고 할 것이다. 웃긴가? 상상해 봐라. 역대 오디션 프로그램 우승자 중에 경연 중 눈물을 흘리지 않은 사람이 단 한 사람도 있는가? 아무도 없다. 그리고 앞으로도 아무도 없을 것이다. 그 사람들이 연기를 한다는 말이 아니다. 다 저마다의 사연이 있고, 그런 것들을 원동력으로 달려왔을 것이다. 내가 하고 싶은 이야기는 이런 '감성'의 영역이 '이성'보다 더 큰 효과를 발휘할 때가 있다고 말하는 것이다.

우리는 우리 스스로가 나름 이성적 판단을 할 줄 아는 성인이길 바란다, 떼쓸 줄만 아는 어린아이로 자신을 여기고 싶은 사람은 이 세상의 어디에도 없을 것이다. 하지만 인간이 하는 선택의 대부분은 기분과 감정에 의해 결정된다. 그게 이 세상을 조금 더 아름답게 보이게 하는 이유이기도 하다. 우리는 이성과 감성을 적절하게 잘 섞어서 사용해야 한다.

아이가 병원에 입원해서 걱정이 많은 거래처 담당 직원에게 당신이 준비한 논리 정연한 설명과 예술적 감각이 가미된 PPT를 보여주면서 거래가 성사될 확률보다, 모두가 퇴근한 야심한 시각 그 병원에 예고 없이 찾아가 아이가 평소에 좋아하는 애니메이션 캐릭터 장난감과 아이가 좋아하는 과자를 잔뜩 사가지고 가서 '아이가 얼른 건강해졌으면 좋겠다. 나도 조카가 있다. 당신의 힘듦을 전부 이해하지는 못하지만, 조금이나마 이해할 수 있다.'라고 말하며 눈물 한 방울 '똑' 떨어트려 주는 것이 당신이 거래가 성사될 확률을 더 높일 것이다.

아무리 피도 눈물도 없어 보이는 사람도 아킬레스건이 있고 자극점이 있다. 당신이 군대를 다녀왔다면 알 것이다. 일만 잘하는 후임보다 일은 평범하게 하지만 싹싹하고 당신 말에 진심 어린 공감해 주는 후임이 더 좋지 않았는가? 나도 그렇고 당신도 그렇고 우린 이성적인 척, 논리적인 척하지만, 사실은 호르몬과 기분 그리고 감정을 따라 살아가게 설계된 인간이다. 그래서 이를 막고자 우리의 삶엔 내 기분과 감정에 따라 행동하지 않을 수 있게 규율과 규칙이 필수 불가결한 것이다. 세상은 전부 이성적이고 논리적으로 돌아가고 있는 것처럼 보이지만, 사실은 감성과 감정 기분으로 돌아가고 있는 것이 더 많다. 이를 잘 활용해서 당신이 원하는 뭔가를 얻어봐라, 협상, 타협, 약속, 거래 다 좋다. 당신이 이성의 영역으로 접근해야 할지 감성의 영역으로 접근해야 할지를 잘 판단해서 똑똑하게 이루어내라.

13.

존경받는 방법

앞을 보고 걸어가다 보면 수많은 갈림길을 만난다. 삶은 수많은 선택의 결과라고 불러도 과언이 아니지 싶다. 모든 선택은 그 선택에 관한 결과를 준다. 그 결과는 우리를 기쁘게 만들기도 하지만, 때때로 우리를 고통스럽게 만들기도 한다. 그래서 우리는 어떤 것을 선택할 때 고민하며 선택한다. 우리가 평소 하는 모든 선택에 심혈을 기울이는 것은 아니지만, 중요하다고 느끼는 선택을 할 때는 며칠 몇 주 밤낮을 새우고 고민한 후 결정하기도 한다.

보편적으로 사람들이 어떤 것을 선택할 때, 여러 가지 기준이 있지만, 본인의 과거 경험과 직감을 토대로 결정하는 경우가 많다. 본인이 살고 있는 지금의 삶이 과거에 했던 선택의 결과이기에. 지금 앞에 놓여 있는 선택은 내가 어떤 삶을 살고 있느냐에 따라서, 선택에 대한 확신이 달라지기도 한다. 살면서 한 번도 본인의 선택이 틀린 적이 없었던 '초엘리트'일수록 본인의 선택에 깊은 확신하며 주변의 이야기에 크게 동요하거나 흔들리지 않는다. 그럴 만도 하다. 살면서 본인이 한 선택 중에, 특별히 잘못된 선택 없이 정답이라고 부르는 것들만 선택했기에, 지금의 자신이 만들어졌으니 자신의 선택에 강한 확신이 들 수 밖에 없다. 하지만 그렇다고 해도, 때론 다른 사람들의 '의견'을 들어볼 필요도 있고 그 의견을 토대로 한 가상의 시뮬레이션을 돌려볼 필요 또한 있다. 무조건 다수의 의견만을 투표로 따르라는 것이 아닌, 모든 '의견'을 수용하고 '고려'해 볼 수 있어야 한다. 모든 의견을 들어보고 선택하는 그런 결정자가 되어야 한다.

만약 당신이 그들의 의견을 묵살하고 당신의 판단으로 모든 것을 결정하고 밀어붙인다면 당신은 독재자라고 불릴 것을 각오해야 할 것이고, 당신이 얼마나 훌륭하고 위대한 업적과 선택을 하든 상관없이 당신은 다수의 질타를 피하지 못할 것이다.

결정적인 선택을 당신이 하되, '듣는 척'이라도 해라. 그러면 당신이 선택한 위대한 결정이 더 빛나고 가치 있어 보일 것이며, 당신을 싫어하던 멍청이들 또한 당신을 존경할 것이다. 하지만 대부분 사람은 인생을 살아오며 자신의 결정이 한 점의 오차 없이 전부 맞았다고 하지는 않을 것이다. 만약 그렇다면, 더욱 여러 의견을 경청해라. 당신 주변에 있는 모든 사람이 모두 멍청이가 아닐 것이고, 그들의 의견 중 당신의 선택에 큰 도움이 될 의견이 있을 수도 있다.

나는 이 글을 읽는 당신이 누군지 잘 모르지만 아마, 역사에 기록된 대단한 영웅과 지도자처럼 본인만의 의견을 독단적으로 밀어붙일 만한 사람은 아니라고 생각한다. 설령 그런 사람일지라도 내가 방금 이야기한 것처럼 '듣는 척', '수용하는 척', '귀 기울이는 척'이라도 해라. 그러면 위대한 당신이 더 빛날 것이다.

"모두를 사랑하되,
몇 사람만 믿으라.
누구에게도 잘못을
저지르지 말라."

- 윌리엄 셰익스피어

Chapter 3.

NO PRICE NO GREATNESS

어떻게 주저하지 않고
시작하는가

1.

아는 것과
행동하는 것은 다르다

우리는 살아오면서 많은 사람을 만나고, 많은 사건을 겪으며 성장한다. 사람마다 차이는 있겠지만 나이를 한 살 두 살 먹어가면서 겪었던 모든 것들은 축적되고, 자아를 형성하는 데 큰 영향을 준다. 내가 지금 타임머신이 있거나 죽은 자를 살려내는 비약이 있어서 나폴레옹이나, 히틀러를 만나, 그들과 대화해보며 그들이 어떤 생각을 가지고, 어떤 신념과 믿음을 가지고 그들이 그런 행동을 했는지, 물어볼 수 있다면 좋겠지만 그럴 수 없다. 그렇기에 나는 그들이 쓴 책 혹은 그들의 인생을 기록한 책을 보며, 그들의 삶과 신념을 들여다본다. 꼭 이런 역사적 인물이 아니더라도 책을 보면, 그 책을 쓴 저자의 신념과 삶의 태도와 가치를 알 수 있다. 이런 가치 중 내 가치와 맞는 것은 본받으려 하고, 그렇지 않으면 책을 읽다가 덮기도 하고 그냥 '이런 생각을 가질 수도 있구나.' 하고 넘기기도 한다.

책은 우리가 직접 사건을 겪지 않고, 위대한 사람을 만나지 않고도, 이것들을 경험시켜 주고, 그들의 지혜를 알려주는 마른 땅 위 단비 같은 것이다. 종이에 나열된 활자를 눈으로 보는 것만으로 내 인생에서 겪어보지 못한, 겪어보기 힘든 것들을 경험시켜 주기도 한다. 독서를 좋아하는 사람들은 훌륭한 사람들과 이야기 나눠본 것이고, 역사적 현장에 가본 것이며, 그들의 태동을 느낀 것과 다름없다. 정말로 멋진 일이다. 이게 얼마나 멋진 것이냐 하면, 나는 그저 종이에 나열된 활자들을 그냥 눈으로 보는 것일 뿐인데 이것을 하기만 해도, 그 모습을 본 타인들은 내가 뭔가 대단한 행위를 한 것처럼 대우하고 취급해 준다. 아닌가? 당신 주변에 혹시 독서를 굉장히 좋아하는 사람 있는가? 그 사람이 공공장소든 집이든 어디서든 독서하는 모습을 보면 어떤 생각을 하는가? 나의 경우, 내가 책을 읽고 있는 모습을 누군가 보면 '야 너 책도 읽네, 대단하네.'라고 나에게 이야기했다. 맞다. 난 대단한 행위를 하고 있는 것이다. 위대한 사람의 신념과 사상을 이해하고 그들처럼 되기 위해 생각하고, 그들처럼 되지 않기 위해 생각하고 행동하고 있으니 말이다.

하지만, 누군가는 '행동'하지 않고 '생각'하기만 한다, 그건 대단하지 않고 멋지지 않다. 한 달에 책을 15권 읽는다고 해서 멋진 사람, 대단한 사람이 아니다. 그 사람들은 분명히 '아는 것'은 많을 수 있다. 하지만 알고만 있는 것은, 칼집에 들어가 있는 검과 다름없다. 사무라이가 검을 들고 다니는 이유는 칼집을 자랑하려고가 아니다. 검을 사용하기 위해서다. 제아무리 명검을 가지고 있다고 한들, 그 검을 칼집에서 뽑아내지 않는다면, 그 검은 명검이라고 할 수 없다. 사람을 벨 수도 없고, 칼집에서 나올 수도 없는 검이 어떻게 명검이라고 할 수 있는가. 책을 1년에 한 권을 읽든 2년에 한 권 읽든 상관없다. 그렇게 읽은 책을 100% 적용만 할 수 있다면.

우리는 알기만 해서는 안 된다, 행동하고 움직일 수 있어야 한다, 제아무리 위대한 사람과 만나 삶의 태동을 느꼈다고 한들, 그걸 내 삶에 적용하지 못한다면 그게 무슨 의미가 있는가. 조선시대의 선비들은 학문을 즐기기만 했다. 글을 쓰고 시를 쓰며 그것을 읽는다는 것, 그 자체에 도취해 있었다. 당신이 책을 읽는 이유는 학문을 즐기기 위해서인가, 그렇다면 크게 할 말은 없다.

하지만 자기계발과 발전을 이야기하고 싶다면 행동해라, 적용해라. 읽는 것은 눈이 있으면 누구든 할 수 있는 게 맞다. 하지만 행동하는 것은 아무나 할 수 없다. 아무나 하지 못하는 것은 가치로운 것이며 위대한 것일 확률이 높다. 그렇기에 우린 더욱더 행동해야 한다. 아는 것이 다가 아니다, 행동해야 진짜 아는 것이다.

2.

시작할 수 있는
공간으로 가라

글을 쓰기로 결심했다. 책상에 앉아 노트북을 켜고 머릿속에 있는 것들을 써 내려갔다. 글이 잘 써지는 날도 있었고 아닌 날도 있었다. 글이 안 써지는 날에는 담배를 한 대 태우러 글을 쓰다가 나가기도 했고, 의미 없이 유튜브나 인스타그램을 보기 도 했다. 그렇게 두세 시간이 가고 다시 앉아 글을 쓰고 몇 자 적다가 또 담배 한 대 피우고 핸드폰을 하고 반복이었다.

뭐가 잘못됐을까. 노트북 옆에 핸드폰이 있으니까 핸드폰을 봤다. 담배를 밖에 나가서 펴야 하니 작업실에서 일어났다. 만약 핸드폰이 옆에 없다면? 담배를 작업실에서 피운다면? 나는 바로 핸드폰을 작업실 밖에 치워버리고 타이머와 잿더미 그리고 담배 한 보루를 사서 옆에 뒀다. 타이머를 2시간 동안 맞춰놓고 타이머가 돌아가는 시간에는 글을 쓰기만 했다. 글이 잘 안 써지면 그냥 담배를 피웠다. 한 개만 피울 때도 있고, 연속으로 10개를 피울 때도 있다. 그 시간에도 타이머는 흐른다. 하지만 핸드폰을 보러 나가거나 인터넷을 켜지는 않는다. 노트북 와이파이도 꺼놨기에 인터넷 창이 열리지도 않는다. 다시 키보드를 두드리고 담배 한 대 피우면서 글을 써 내려갔다. 일주일 걸리던 원고 분량을 단 2시간 만에 썼다. 놀라웠다. 30분마다 담배 한 대 피우러 내려가니 집중력이 깨져서 그냥 앉아서 담배를 태우면서 했고, 의미 없이 핸드폰을 보니 핸드폰을 치웠을 뿐이다. 몇 시간이나 앉아 있었지, 시간을 확인하게 되니 타이머를 켜놨다.

어떤 목표를 달성하고 싶으며 그 목표를 달성하기 위한 최상의 환경을 세팅하라. 인간의 의지는 소모품이다. 당신이 어떤 목표를 이루고 싶다면 의지력을 키우기보다는 그 목표를 이룰 수밖에 없는 환경을 만들어라. 물론 강한 의지력이면 못할 일이 없다. 하지만 환경을 만드는 게 더 쉽다. 굳이 의지력으로 환경을 이겨낼 필요 없는 상황이라면 그냥 환경을 바꿔라. 그게 더 편한 방법 아닌가? 자신을 시험에 들게 해 좌절감을 주고 '난 안 되는 놈이구나.'라고 굳이 생각할 필요가 있는가? 왜 함정수사를 하려고 하는가. 누군가가 나에게 근육질의 몸을 만들고 싶은데 어떻게 해야 하냐고 질문한다. 그럼 난 우선 헬스장을 다니라고 한다. 집과 걸어서 5분 거리 있는 헬스장을 선택하라고 한다. 차를 타고 15분을 가야 하거나 주차가 불편해서 헬스장 주변 몇 바퀴를 돌아선 안 된다. 집에서 나와서 집 현관부터 헬스장 문 앞까지 5분 안에 갈 수 있어야 한다. 그게 첫 번째 세팅 값이다. 운동을 하려고 마음을 먹는 건 그 뒤다.

환경이 첫 번째다. 환경을 만들어라. 공부를 잘하고 싶으면 도서관에 가서 공부를 이미 잘하고 있는 사람들 사이에 섞여서 앉아 있어라. 사업을 할 때 인사이트를 얻고 싶다면 당신보다 더 매출을 잘 내고 있거나 사업수완이 좋은 사람들에게 도움을 주고 어깨 너머라도 배워라. 그렇게 할 수밖에 없고 될 수밖에 없는 환경을 만들어라. 아름다운 공간, 내가 무엇인가 할 수 있는 분위기를 조성해 주는 환경은 그 어떤 것보다 중요하다. 아름다운 생각을 하고 싶으면 아름다운 풍경을 봐라. 아름다운 글을 쓰고 싶으면 아름다운 음악을 들어라. 인간은 복잡계이지만서도 단순하다. 어떤 일을 시작하고 싶다면 시작할 수 있는 공간으로 가라. 그 환경에 자신을 가둬라. 그러면 그 일의 반 이상은 해결된 것이나 다름없다.

3.

우울하면 움직여라

침대에서 일어나기 힘들고 하루 종일 병든 닭처럼 어딘가 기대 있을 때, 불안감이 나를 집어삼켜 한 발짝도 움직이기 싫을 때가 있을 것이다. 당신이 어떤 일을 하고 어떤 사람이든 이런 기분은 살면서 한 번씩 느껴 봤을 것이다. 이런 기분은 앞으로도 우리를 찾아올 것이다.

해결 방법을 알려주겠다. 움직여라. 트랙 위에서 심장이 터지기 일보 직전까지 심박수 200을 찍을 정도로 달리기하든지, 헬스장에 가서 굉장히 무거운 쇳덩어리를 들든지 체육관에 가서 샌드백을 미친 듯이 때리든지 줄넘기하든지 운동을 해라. 거짓말처럼 우울감은 사라질 것이다. 당신이 느끼고 있는 우울함이 거짓이라는 말이 아니다. 하지만 그게 시간이 지나야지만 괜찮아지는 감정은 아니다. 당신이 적절한 행동을 취하기만 한다면 즉각적으로 처리할 수 있는 감정이다. 장담할 수 있다.

다양한 일로 머리가 복잡하고, 불안감이 나를 엄습해 올 때 나는 소파에 잠겨 아무것도 하기 싫은 감정이 온다. 그럴 때 나는 자리에서 벌떡 일어나 헬스장에서 쇳덩어리를 들거나 체육관에서 샌드백을 친다. 그냥 단순히 내 생각과 내가 느낀 감정만을 이야기하는 게 아니다. 뇌과학적으로 이미 증명된 사실이다. 이유가 궁금하면 네이버에 검색을 해봐라. 똑똑한 박사님들이 친절하게 설명한 글들이 많을 것이다.

당신이 우울하다는 이유로 병든 닭처럼 누워 있다면 당신 몸은 그 상태를 최대한 유지하려고 애쓸 것이다. 그리고 정말 그 상태가 오래 유지될 것이다. 우울이라는 방 안에 들어가기 전 입구에서 그 방문을 닫고 못질 해라. 이미 들어갔다면 당신 상상 속에 있는 전기톱으로 문을 반으로 갈라버리든, 수류탄으로 문을 날려버리든지 해라. 방 안에서 가만히 있지 말라 절대로, 그 문은 밖에서 열어줄 수 없다. 오로지 당신의 힘으로만 열 수 있는 문이다. 나를 믿고 해보라, 지금 이미 그 방 안에 갇혔다고? 내가 81mm 박격포를 빌려줄 테니 이 박격포를 가지고 그 문 따위는 날려버려라. 다 날렸는가? 그러면 이제 일어나서 운동하러 가라. 몸을 움직여라. 의심하지 마라. 아니 의심을 가져도 된다고 하지만. 주저하지 말고 일어나 지금 당장 시작해봐라. 거짓말처럼 우울감이 사라질 것이다.

4.

당신에게 집중하라

자신이 통제할 수 있는 것과, 통제할 수 없는 것. 우리가 신경 쓰는 대부분은 우리가 통제할 수 없는 것이다. 우리가 스트레스를 느끼고, 불안감을 느끼는 대부분도 우리가 통제할 수 없는 것이다. 사람들은 스스로가 통제할 수 없는 것을 알면서도, 거기에 삶의 에너지와 자기 생명력을 쏟아 부으며 스트레스를 구매한다. 당신이 통제할 수 없는 것을 통제하려고 애쓰지 마라. 나는 정치인을 욕하는 사람들이 이해되지 않는다. 그 사람들은 하나같이, 전부 분노에 영혼이 잠식되어 있다. 목에 핏대를 세우고, 자신의 정치관과 반대되는 사람들에게 온갖 욕설을 퍼부으며, 그들이 잘못됐다고 주장한다.

나는 사업을 하고 있지만 정치에 크게 관심이 없다. 누가 대통령이 되든 국회의원이 되든, 거기에 크게 신경 쓰지 않는다. 아니 전혀 신경 쓰지 않는다는 표현이 더 맞는 표현일 것 같다. 어떻게 사업을 하는 사람이 정치에 관심이 하나도 없을 수 있냐고 물을 수 있다. 물론 '현재' 내게 이득이 되는 집단이 있고 또 그렇지 않은 집단은 있다. 나를 비난할 수도 있고 그건 자유다.

고대 철학자 플라톤이 말했다. '정치에 참여하지 않는 것에 대한 처벌 중 하나는 당신보다 열등한 자들에 의해 지배당하는 것이다.' 200% 동감하는 말이다. 현재에는 정치에 관심을 가지지 않고 있지만 30대 그리고 40대가 되면 또 다를 수 있다. 지금은 정치에 관심을 가지는 것보다 나에게 집중하고, 나를 더 발전시켜야 하는 시기다. 분명 내게 이득이 되는 정당이 있다. 하지만 나와 같은 의견을 가진 사람 1만 명을 모으고 목에 핏대 세우며 열변을 토할 시간에 그냥 나에게 집중하며 나를 발전시키는 게 확률적으로 나에게 더 득이 되는 게임이다. 어떤 정당이 정권을 잡든 간에 나는 그냥 그 정권에 맞춰, 내게 득이 되는 방향으로 계획을 세우면 되는 것이다. 당신 또한 마찬가지다. 당신이 직접 정치인이 될 게 아니라면, 당신은 그냥 플랜 A와 플랜 B를 만들고 A 정당이 정권을 잡으면 플랜 A를 하고, B 정당이 정권을 잡으면 B로 하면 된다. 이미 많은 사람이 이렇게 하고 있을 것이다. 플랜을 세우지 않더라도, 당신이 지지한 정당이 떨어진다면, 그냥 따라야 한다, 안 그런가? 당신이 하고 싶다고 할 수 있고, 하기 싫다고 안 할 수 있는 문제가 아니다. 그러니 그냥 거기에 맞게 움직이면 되는 것이다, 당연히 욕할 순 있다. 짜증 날 수 있고 그건 나도 마찬가지다. 하지만 어차피 할 거, 해야 할 거 그냥 미리 계획을 세워 놓는 거다.

우리는 쓸데없이, 바꿀 수 없는 것에 대해 삶의 생명력과 에너지를 낭비해선 안 된다. 당장 당신이 할 수 있는 일을 해라. 통제할 수 있는 일을 해라. 당신 안에 있는 투명한 무엇인가에 집중하고, 당신이 가지고 있는 삶의 규율과 루틴 그리고 계획에 집중해라, 운동, 독서, 명상, 뭐든 좋다. 당신을 성장시키는 당신의 규율 안에 젖고 그것에 몰두해라.

5.

팔이 썩어가면
팔을 절단해라

부정적인 말, 안될 거라 이야기하는 사람이 주위에 있으면 그 사람을 멀리해라. 내가 만약 전쟁하고 있는 군인이고, 내가 이끄는 팀의 상황과 전투 상황이 불리할 때 내 부하 중 한 명이 '우린 끝났어요. 이길 수 없을 거 같아요. 상황이 너무 안 좋아요. 다 끝이에요. 우린 곧 죽을 거예요.'라고 이야기한다면 나는 제일 먼저, 그 부하 머리통에 권총을 한 발 쏘고 나서 그다음 팀원들과 함께 상황을 타개할 방법을 생각할 것이다. 누군가 굳이 우리에게 승산이 없고, 위험한 상황이라고 이야기하지 않아도 이 상황에 함께 처한 모든 사람은 이미 다 알고 있다. '큰일이다, 망했다, 승산 없다.' 이런 말을 할 줄 모르는 사람은 아무도 없을 것이다. 5살 먹은 아이가 아닌 이상 현재 상황을 인지하고, 상황을 타개하기 위해 머리가 터지도록 생각하고 있을 것이다. 과연 이 상황에서 '큰일이다, 망했다, 곧 죽을 거다.'라고 말할 필요가 있을까? 고통스럽지 않게 죽게 해 달라고 신에게 기도라도 다 같이 하자는 의미로 말하는 걸까? 물론 지금 내가 한 이야기는 굉장히 극단적이고 비윤리적으로 들릴 수도 있다. 지금 우리는 전쟁 중인 군인도 아니고 이렇게 극단적인 상황도 아니다. 하지만 당신이 다니고 있는 직장, 당신이 이끄는 팀에 이런 부정적인 언어를 습관적으로 내뱉는 사람이 있다면 그 사람을 설득하려고 하지 말고 팀에서 내보내는 것을 추천한다.

부정적인 사람을 설득하고 내 의견을 전달하는 것만큼 시간 낭비이고 비효율적인 일은 없다. 물론 아무 말 없이 그 사람을 내보내라는 것은 아니다. 난 함께 일하는 동료와 나를 믿는 사람들 나의 팀들을 정말 소중하게 생각하며 항상 감사하며 그들을 존경하며 사랑한다. 하지만 내 신체 부위에서 썩어가는 부위가 있다면 그 썩어가는 부위가 다른 곳으로 퍼지기 전에, 과감하게 그 부위를 절단하는 게 바른 판단이 아닐까 한다.

내 지인 중에 그런 사람이 있었다. 대기업에 다니고 있지만 본인이 하는 일이 불만이며, 받는 연봉도 마음에 들지 않는다. 이직하고 싶다고 항상 이야기한다. 그래서 나는 '그럼 이직 준비를 해라. 지금 다니고 있는 직장의 근무 환경 및 업무와 연봉이 마음에 안 들면 다른 곳으로 가면 되지 않냐?'고 이야기했다. 그랬더니 그 지인이 하는 말은 '나이가 꽉 차서 더 이상 받아줄 곳이 없다.' 놀랍게도 그의 나이는 34세이다. 34세에 자신의 나이가 꽉 찼기에 더 이상 받아줄 회사가 없다고 한다면, 내가 더 이상 할 말도 없다. 나에게 그를 설득하거나 회유할 이유도 없으므로 그냥 '아 그런가요.' 하고 대화를 끝냈다. 그와 가끔 함께 모이는 자리가 있으면 그는 어김없이 불평을 토로했다. '이직하고 싶다, 회사 연봉이 적다, 다니기 싫다.' 이직하기 위해 아무런 행동을 하지 않고 불평만 하며, 집에서 누워서 유튜브, 인스타그램이나 하루 종일 보면서 주식과 비트코인으로 일확천금을 기대하는 양반이 늘어놓는 소리이다. 내가 속으로 무슨 생각을 했을까? 그가 인스타그램 속 잘 나가는 인플루언서, 돈을 많이 버는 유명인들을 보며 '저 사람은 저렇게 해서 사기로 돈을 벌고 있는 거고, 저걸 사는 사람들 지능에 문제가 있는 거다.'라는 식의 이야기를, 나에게 늘어놓을 때 나는 속으로 무슨 생각을 했을까? 그를 만날 때마다 부정적인 에너지가 나에게 스며든다고 느꼈을 때 난 그를 멀리했다.

부정적인 에너지는 전염성이 굉장히 심하기에 쉽게 누군가에게 옮겨간다. 당신이 아무리 강한 사람이고 곧은 사람일지라도, 당신 마음속에 아주 작은 구멍이라도 있으면 부정적인 에너지는 그 구멍을 미친 듯이 키우는 영양제가 되어줄 것이다.

당신은 그런 부정적인 말과 에너지를 주는 사람을 당신 자신을 위해 멀리해야 할 필요가 있다. '근묵자흑'이라는 말이 있다. 조금 격하게 말하겠다. 부정적인 사람이랑은 겸상도 하지 말고, 인간 상종을 하지 말길 바란다. 당신을 위해서 하는 말이다. 팔이 썩어 문드러져 다른 신체 부위로 올라가고 있는데 무엇이 두려워서 자르지 않고 있는가? 주저하지 말라 결단 내려라.

당신은 책을 읽음으로 타인의 생각을 알고 싶어 하고, 발전하고 싶은 사람이다. 당신의 발전을 위해서 지금보다 더 나은 삶을 살기 위해서 부정적인 사람을 멀리해라. 다시 한번 이야기하겠다. 내가 전쟁터에 군인이고 내 부하 중에 그런 부정적인 에너지를 팀 전체에 전파하는 사람이 있다면 그 사람은 내가 권총으로 머리통을 날리거나 k1 소총을 조정간 연발해놓고 5.56mm 탄알 30발 정도를 몸통에 조준해 갈겼을 것이다. 다시 생각해 보니 그렇게 하기 전에 묶어놓고 야구 배트나 삼단봉으로 2시간 정도 두들겨 팬 후에 쏴야 할 거 같다. 그래야 내 정서에 좋을 것 같다.

6.

비바람 속에서
미소 짓고 있는 사람들

　우리가 흔히 성공했다고 생각하는 사람들, 기업인이든 연예인이든 운동선수든 머릿속을 한번 떠올려 봐라. 난 제일 처음 스티브 잡스가 떠올랐고 그 사람 다음으로 마크 저커버그가 떠올랐다. 당신도 머릿속에서 떠오르는 대단한 사람들이 있을 것이다. 내가 생각한 사람들과 공통으로 일치하는 사람도 있을 수 있고 아닐 수도 있다. 하지만 그 사람의 이름을 나에게 말하면 '아 그 사람 성공한 사람이지.'라고 맞장구칠 가능성이 크다. 이 사람들의 공통점은 이들 모두 스트레스에 대한 내성이 굉장히 강하다는 것이다.

　우리가 성공했다고 생각하는 사람들은 전부 하나같이 수천만이 넘는 스트레스 상황을 겪었고, 그 상황들은 견디고 이겨냈다. 스트레스를 인내하고 스트레스를 있는 그대로 받아들이고 인정한 사람들이다. 수천억 원을 벌어들인 기업인은 수천억 번의 스트레스를 만났고, 미디어 매체가 대중화된 나라에 사는 국민이라면 모두가 알 법한 축구선수도 우리가 상상할 수 없을 정도의 강도의 훈련과 육체적 정신적 스트레스를 견뎠다. 이들은 모두 스트레스를 인내하고 견딘 사람이다.

하루하루 불안했을 것이다. 상상도 못 할 수많은 스트레스를 견뎠다. 나도 삶을 살아가며 많은 스트레스를 받고 있다. 이 글을 읽는 당신 또한 마찬가지일 것이다. 머리카락이 다 빠질 것 같은 스트레스를 느낀 적도 있을 것이고, 일주일 동안 단 한숨도 못 잘 스트레스를 겪은 적도, 한 달 동안 식음을 전폐할 정신적 고통 속에 머문 적도 있을 것이다. 그 기간이 뭉쳐서 만들어진 모습이 바로 지금의 우리다. 진심으로 멋지다. 하지만 우리가 정말 남들이 말하는 성공한 삶을 살고 싶다면 더 많은 스트레스를 인내할 수 있어야 하고 그 비바람 속에서 덤덤하게 있을 수 있어야 한다. 웃을 수 있다면 더 좋다. 힘들 때 웃는 자가 일류라는 말 들어봤는가. 맞는 말이다. 알 수 없는 미래 그리고 불확실한 어떤 그것을 좇아갈 때 혹은 위기가 닥쳤을 때 우리는 크게 웃지는 못해도 미소 짓는 연습을 해야 하고, 그게 아직 힘들다면 덤덤한 표정 지을 수 있는 연습을 해야 한다. 연습하지 않으면 절대 할 수 없다. 하지만 한 번, 두 번 한다면 세 번째는 더 쉬울 것이고, 다음은 더 쉬울 것이다.

몇 년 전 헬스장에 팔운동을 하러 간 날에, 내가 항상 팔운동을 할 때 사용하던 16kg 덤벨을 누군가 사용하고 있었다. 나는 그 사람이 덤벨을 다 쓰길 기다렸지만 좀처럼 끝날 기미가 보이지 않았다. 기다림에 지친 나는 16kg 옆에 있는 18kg 들어봤다. 처음 느껴 보는 묵직한 느낌이었지만 나름 할 만했다. 이때까지는 한 번도 들어보지 못했고 들어볼 생각도 하지 않았지만, 얼떨결에 들게 되었다. 새로운 자극을 느꼈고, 그 자극에 적응이 되었다. 몇 달 뒤에 20kg 덤벨을 들어봤고, 그다음엔 22kg, 순차적으로 무게를 늘리기 시작했다. 해보지 않았으면 못 했을 것이다. 하지만 한 번 두 번 해보니 적응이 되었고 익숙해졌다.

인간은 생각보다 약하지 않다. 어떤 순간도 어떤 상황도 모두 적응할 수 있다. 당신과 나도 마찬가지다. 처음부터 비바람 속에서 덤덤하게 있기가 힘들겠지만, 점차 적응될 것이다. 그리고 얼마 지나지 않아 입가에 작은 미소부터 시작해, 나중엔 활짝 웃는 모습으로 비바람을 지날 것이다. 나 또한 지금도 연습 중이다. 이제 제법 입꼬리 정도는 올라가고 있다. 시간이 조금 더 흘러 활짝 웃는 모습으로 걸을 때까지 연습할 계획이다. 우리가 가치 있는 삶을 원하고 조금 더 위대해질 수 있는 삶을 살기 위해선 스트레스라는 비바람 속에서 활짝 웃을 수 있어야 한다. 그러니 당신도 나와 함께 비바람 속에서 미소를 짓는 연습을 하자.

7.

감정으로부터
분리되는 삶

'기분이 태도가 되지 마라.'라는 문구 다들 한 번쯤은 들어봤을 거다. 유튜브, 인스타그램, 페이스북, 트위터를 돌아다니다가 봤을 수도 있고, 당신이 좋아하는 에세이 작가의 책에 한 구절에 삽입되어 있을 수도 있다. 혹은 카카오톡 대화명을 메모장처럼 쓰는 당신 카톡 친구 상태 메시지에서 봤을 수도 있다. 그만큼 굉장히 흔하게 쓰이며 많은 사람이 공감하고는 하는 말이다. '기분이 태도가 되지 마라.' 문구 뜻 그대로다. 대부분 사람은 이 말을 '네가 기분이 나쁜 일이 있더라도 나한테 네 기분 나쁜 거 가지고 지랄하지 마라.' 정도로 가볍게 쓰이고 있다.(특히 카카오톡 대화명에 이 말 적는 사람들) 뭐, 맞는 말이다. 그런 의미도 내포하고 있다고 생각한다.

하지만 이 말의 본질은 이런 개인과 개인의 관계에서 적용되는 말보다 큰 의미인 '규율'의 대해 내포하고 있다. 당신의 삶에 있어서 당신이 정한 '규칙' 말이다, 당신의 행동과 해야 할 일에 대해서 감정으로부터 온전하게 분리하고 그 일을 수행해야 한다는 것을 뜻하는 말이라고 생각한다.

나는 아침 6시에 눈을 떠 헬스장에 가서 웨이트 트레이닝을 한다. 기분이 좋든 안 좋든, 날씨가 좋든 안 좋든 정해진 시간에 헬스장에 가서 운동한다. 내 감정과 기분에 관계없이 평일 아침 6시에 눈을 뜨고 헬스장에 가는 게 규칙이기 때문이다. 그 규칙은 내 기분과 아무런 관계가 없다. 내 감정과 기분은 내가 해야 할 일과에 어떠한 지장도 주면 안 된다. 기분에 따르는 삶을 사는 게 아니라 규율에 따른 삶을 사는 것이다.

20대 초중반까지는 규율에 따르는 삶이 아닌 기분과 감정에 따르는 삶을 살았다. 하지만 힘든 시기를 겪고 난 뒤 깨닫고 스스로 규율을 지키는 삶을 살기로 결심했다. 그리고 난 뒤 내 감정은 내가 해야 할 과업에 영향을 주지 못했고 난 그로 인해 더 성장했다. 당신도 당신의 인생에 있어서 규칙과 규율을 정한 그것을 따라라. 그러면 당신의 기분이나 감정이 당신이 해야 할 일에 지장을 주지 않을 것이다.

당신이 타고 다니는 자동차가 날씨가 흐리다고 해서 시속 100km 속도로만 달리고 날씨가 화창하다고 해서 시속 200km까지 달린다면 당신은 그 차를 당장 박살내든 중고차 시장에 던져버릴 것이다. 왜냐면 그 자동차는 당신이 액셀을 밟으면 속력을 내고 앞으로 나아가야 할 '의무'가 있기 때문이다. 당신과 나 또한 당신의 삶의 규칙과 규율을 정한 뒤 당신의 의무를 지키며 살아야 한다. 그래야만 한다. 그렇게 인류는 살아왔고 세상은 만들어졌다. 나폴레옹은 우울하다고 전투를 미루지 않았다. 지금 우크라이나에서 싸우고 있는 젊은 청년들은 기분이 좋아서 목숨을 걸고 싸우는 것이 아니다. 내 아버지는 항상 행복한 감정 상태라 하루에 잠을 두세 시간 자며 투잡 쓰리잡을 병행하면서, 가족들을 지킨 게 아니다. 그들은 그 일을 해야 할 '의무'가 있으므로 전쟁터에서 목숨을 걸고 싸우고 있다. 주저하지 않고 시작하고 싶은가? 감정에 따라 행동하게 되면 당신은 어떤 것을 시작할 때 주저하게 될 것이다. 하지만 감정과 삶을 분리하고 규율을 가지게 된다면 당신은 주저하지 않고 실행할 것이다. 그게 당신이 정한 규칙이니까.

내 비유가 또 굉장히 극단적이고 과격해서 당신의 기분을 상하게 했다면 사과하겠다. 하지만 위대한 일을 한 사람 중의 기분에 따라 행동하는, 삶을 산 사람은 단 한 명도 없을 뿐더러 감정으로부터 분리된 삶을 사는 것이, 당신이 위대한 삶을 원하지 않더라도 더 행복하고 더 멋진 당신의 삶을 만들어 줄 것이라고는 생각한다.

8.

목표를
우러러 보지 마라

혹시 장기적인 목표나 단기적인 목표를 가지고 있는가? 예를 들어 국회의원이 되고 싶다든가. 현금 100억을 만드는 것이라든가, 페라리를 구매하는 것이라든가 어떤 것이든 좋다. 아마 있을 것으로 생각한다. 이렇게 목표를 가지고 있는 사람 중에 과연 목표를 이루는 사람들이 얼마나 될까. '꿈을 크게 가져라.'라는 말 들어본 적 있을 것이다. 목표를 크게 잡으면 그 목표까지 가기 위해 걸맞은 노력을 한다. 하지만 사람 대부분은 실패한다. 누구는 꿈만 꾸고 노력은 하지 않는다거나, 노력이 부족하거나. 그런 말은 내가 굳이 하지 않아도 모두가 다 아는 이야기라 하지 않겠다. 그렇다면 누가 그 꿈에 닿고 목표에 닿는 걸까.

꿈과 야망을 크게 잡되, 그 꿈과 야망을 바라보는 내 시선은, 꿈과 야망 아래에서 우러러봐서는 안 된다. 위에서 아래로 내려본다든가, 최소한 동등한 눈높이에서 그 꿈과 야망을 바라봐야 한다.

산이 있다. 그 산은 해발 3,000m쯤 된다. 당신은 50kg쯤 되는 배낭을 등에 짊어지고 올라가야 한다. 이 산에 올라가기 쉬울까? 그럼 두 번째 경우를 보자. 이 산은 첫 번째 산보다 2,000m쯤 더 높은 해발 5,000m쯤 된다. 당신은 50kg쯤 되는 배낭을 등에 짊어지고 산에 올라가야 한다. 그런데 이 산은 초등학생들도 운동화를 신고 뛰어올라가고, 옆집에 살고 계신 연세가 80세이신 할머니도 할아버지와 함께 마실 겸 자주 다녀오시고, 공시생 친구도 공부하다가 머리 식힐 겸 슬리퍼 신고 오르락내리락 하기도 한다. 어제는 당신이 사는 집 근처 병설 유치원 병아리 반 아이들이 소풍을 다녀왔다고 하는 산이다. 이 산은 어떤가. 왠지 올라가기 쉬울 것 같지 않은가?

우리가 어떤 목표를 바라볼 때 그 목표가 높건 낮건 그 목표에 가까이 가기 위해선 그 목표와 나 사이를 멀게 만들어선 안 된다. 내가 만약 사업이란 것은 선택받은 특정인들만 할 수 있는 것이고, 한 달에 몇천 만 원을 번다는 것은 하느님이 선택한 소수의 사람의 특권이라고 생각했으면 과연 사업을 했을까? 절대 안 했다. 당신의 목표가 선택받은 누군가

만 이룰 수 있는 그것으로 생각해선 안 된다. 그러면 그 목표는 정말 성역이 된다.

아마 당신이 타임머신을 개발한다든가, 불로장생을 할 수 있는 알약, 불을 뿜는 드래곤을 개량할 목적을 가지고 실험을 하는 게 아니라면, 당신이 생각한 목표와 꿈꾸는 것은 이 세상에 수많은 사람이 달성한 목표이다. 사실이지 않은가? 페라리를 탄다거나 국회의원이 되는 것이 선택받은 혹은 성역에 접근할 수 있는 자들만 얻을 수 있는 특권인가? 당신 자신도 아니라고 말할 것이다. 높은 목표를 잡되, 당신이 목표로 하는 것을 절대 우러러보지 마라. 얼마든지 할 수 있는 일이고, 보편적인 것으로 생각해라. 그렇게 생각한다면 그 일은 정말 당신에게 보편적인 일이 될 것이다. 그렇게 목표를 바라보자, 당신의 목표는 분명 멋지고 가치 있을 것이다. 당신은 그 목표를 분명 이룰 수 있을 것이다. 난 믿어 의심치 않는다. 그러니 당신의 목표를 멀게 바라보지 말길 바란다.

9.

인생을
업그레이드하라

'지금 이대로도 괜찮다.', '충분히 잘했다.', '애쓰지 않아도 좋아.' 등 이런 비슷한 제목의 에세이나 책들을 읽어본 적 있는가? 저것들이 진짜 있는 책 제목인지 아닌지는 모르겠지만, 비슷한 종류의 책 제목이나 이름은 교보문고에 많이 진열되어 있다. 책에서 전달하는 메시지는 비슷하다. 내가 굳이 이야기하지 않아도 살면서 한 번 정도는, 몇 페이지 정도는 다 읽어봐서 알고 있을 것이다. 사람이 시련을 겪고 지칠 수 있으며, 힘든 순간에 포기하고 싶은 마음이 들 수 있다. 그럴 때 이런 종류의 마음을 감싸주는 책들을 보면 위로받는 기분이고, 힘든 내 상황을 알아주는 기분이 들기도 한다. 이런 종류의 에세이가, 인간의 내면을 따뜻하게 데워주며, 안아주는 역할을 한다고 생각한다. 나 역시 굉장히 힘들었던 시기에 이런 종류의 에세이를 보며 위로를 얻었고, 그 책 제목까지 기억한다. 하지만 내가 이런 종류의 책을 읽을 때는 항상 이것을 인지하고 책을 펼친다. '회복 후 달린다.'

이런 종류의 책들은 대부분 사람의 감성을 건드리는 책들이기 때문에, 자칫하면 자기 연민에 휩싸일 수 있다. 이 책을 보며 위로받았으면 다시 일어나서 달려야 하는데, 자칫하면 그냥 그 자리에 주저앉아 위로만 받는 삶을 살 수 있다는 것이다. 아마 이런 책을 쓴 작가들도 그걸 원하지는 않을 거다. 자신의 따뜻한 글로 누군가 희망을 얻고 공감을 얻고 다시 앞으로 나아갈 힘을 얻길 바라는 목적으로 썼다고 생각한다.

누군가는 말한다. '노력하지 않아도 된다. 지금 그대로도 충분히 멋지고 존재 자체만으로도 소중하다.' 이 말을 듣고 눈물이 한 방울 떨어진다거나, 가슴이 찡하다고 느끼는 사람들이 있을 것이다. 그 감정이 잘못됐다거나, 이상한 건 절대 아니다. 난 이런 사람들을 보면 얼마나 힘들었을까 하고 연민의 감정이 느껴진다. 저 말은 사실이지만 또 사실이 아닐 수 있다.

신이 부모를 통해서 우리를 이 땅에 내리셨을 때부터 인간에게는 '존엄'이 주어진다.

생명이라는 그 자체만으로도 소중하고 고마운 것이다. 하지만 '존경'은 그냥 주어지는 것이 아닌 경쟁과 노력을 통해 쟁취해야 하는 것이다. 태어났다는 이유와 존재 그 자체만으로 주어지지는 않는다. 존엄은 인간으로 태어난 이상 우리 모두에게 제공되는 것이지만 존경은 아니다. 존엄을 무시하는 사람은 있어도 존경을 무시하는 사람은 없다. 존엄만을 가지고 삶을 살아가기보다 존경을 바라보고 삶을 살아간다면, 조금 더 많은 일을 할 수 있으며, 더 가치 있고 위대한 삶을 살 수 있지 않을까 생각한다. 신이 우리를 이곳에 보낸 이유는 분명히 존재할 것이고 각자의 삶의 최선의 노력을 하며 살면 그 이유는 자연스럽게 알게 될 거다. 최소한 신께서 누워서 인스타그램 피드나 새로고침 하라고 우리를 이곳에 보내지는 않았을 거라고 확신한다.

당신이 될 수 있는 최고의 모습으로 살아가 보는 건 어떤가. 당신이 만들 수 있는 최고의 신체, 최고의 지성, 최고의 재력.

헬스장에 가서 멋진 몸을 만들어라, 미용실에서 깔끔하게 머리를 다듬고 만나는 사람에게 좋은 인상을 심어줘라. 문학을 읽고 어휘력과 공감 능력으로 키워라. 돈을 많이 벌어라. 당신이 사업을 하든 장사를 하든 돈을 많이 벌 수 있는 행위를 해라. 당신이 직장인이라면 당신의 몸값을 최대치까지 올릴 수 있게 노력해라.

여기서 당신이 비전이 없는 직종에서 근무한다든가, '제가 지금 하는 일은 연봉이 정해져 있어요.'라고 말할 것이라면 이직해라. 이직하기엔 나이가 많다거나, 이미 늦었다거나, 이직 준비를 할 시간이 빠듯하다는 소리를 할 거 같으면 그냥 그대로 거기서 일해라. 이들에게 더 이상 해 줄 말은 없다. 그냥 퇴근하고 인스타그램 피드 새로고침을 하면서 맥주 한 캔 마시며 '아 내일도 출근이네.' 하고 잠자리에 들어라.

소소한 행복을 찾으며 작은 것에 만족하는 삶이 나쁘다는 게 아니다. 공무원, 직장인들의 삶 자신이 하는 일에 자긍심을 느끼며 만족하는 삶을 사는 사람들은 그 누구도 욕할 수 없고 그 사람의 인생을 폄하할 수 없다. 하지만 머릿속에서는 이렇게 살고 싶지 않지만 행동하기 싫은 사람들, 입으로만 바뀌겠다고, 멋있어지겠다고 말하는 멍청이들, 위대해지길 원한다면, 위대한 사람들이 할 법한 행동을 해라. 아무것도 하지 않으면 아무 일도 일어나지 않는다. 돈을 많이 번다는 기준이 사람마다 전부다를 것이고 돈을 벌기가 쉽다고만 생각하지도 않는다. 하지만 그게 쉬운 거였으면, 이 모든 일은 가치 있는 일이 아닐 것이다. 힘들고 어렵기에 더 멋진 일이고 가치 있는 일이다. 나는 내가 가질 수 있는 모든 부분을 최대치까지 올리려는 삶을 살 것이다. 당신의 최상위 버전으로 살아간다면 분명 존경받는 삶을 살 수 있을 것이고 이것을 만드는 과정까지 굉장히 훌륭한 모습일 것으로 생각한다.

10.

생각은 그만하고
그냥 해라

머릿속에서 스포츠 브랜드를 생각하라고 하면, 당신 머릿속에서 떠오르는 브랜드가 몇 가지 있을 것이다. 평소에 웨이트트레이닝을 즐겨한다면 언더아머가 먼저 생각날 것이고, 야구를 좋아한다면 미즈노가 먼저 생각 날 것이다. 아니면 당신이 좋아하는 가수가 광고모델로 있는 국산 중소형 브랜드가 떠오를 수도 있다. 그런 브랜드들이 당신 머리 위를 구름처럼 떠오를 것이지만 당신이 생각하는 그 브랜드가 전 세계의 최고의 브랜드라고 생각하지는 않을 것이다. 질문을 바꾸겠다.

당신이 '생각하는 최고의 스포츠 브랜드'를 한번 떠올려봐라. 내가 맞춰 보겠다. 당신은 '나이키'라고 생각한다. 머릿속에서 나이키 말고 '아디

다스' 혹은 '언더아머', '리복', '아식스' 등을 먼저 떠올렸다고 하더라도 내가 '나이키'라고 하는 순간 당신은 '아, 나이키가 최고지.'라고 수긍할 것이다 '리복이 세계 최고의 스포츠 브랜드지, 언더아머가 세계 최고의 스포츠 브랜드지.'라고 하는 사람은 아무도 없을 것이다. 물론 오렌지 주스를 좋아하냐, 포도 주스를 좋아하냐, 혹은 SUV를 좋아하냐, 세단을 좋아하냐? 단순한 취향 차이는 있을 수 있지만 나이키가 세계 최고의 스포츠 브랜드라는 것에는 동의할 것이다.

Just do it. 이 말 들어봤을 것이다. 나이키 광고에서 봤거나, 옷에 적혀 있는 레터링을 봤든, 어디서든지 한 번쯤 봤을 것이다, 문자 그대로 '그냥, 해라.'이다. 세계 최고의 스포츠 브랜드가 지향하는 슬로건은 '그냥, 해라.'이다. 너무 단순하지 않은가? 세계에서 가장 훌륭한 카피라이터들이 수많은 슬로건을 안건으로 제시했을 것이다, 그중에 선택된 슬로건이다. 나이키는 이 슬로건을 사용한 이후 1988년 18%에 그쳤던 스포츠화 시장점유율이 1998년 43%로 증가했다. 물론 이것은 단순히 광고 카피라이트만의 문제가 아닌 복잡계의 영역이겠지만. 이 광고 카피라이트가 나이키의 아이덴티티이며, 나이키를 아는 사람이라면 모르는 사람이 없는 문구임은 틀림없다.

우린 때로 너무 많은 생각을 하기에 너무나 많은 일을 놓치기도 한다.

생각이 행동을 유발하는 것인데 생각 때문에 행동을 못 한다는 게 아이러니하지 않은가. 행동하지 않는 게 선택일 수 있다. 하지만 굉장히 높은 확률로 아무것도 하지 않는 행동을 선택하는 것보다 어떠한 것을 하는 게 좋은 선택일 확률이 높다. 당신이 지금 당신이 해야 할 어떤 일을 하면서 많은 생각이 들어서 그 일에 집중하지 못하고 있는가? 그냥, 해라. 생각할 필요 없다. 일단 그냥 해라. 그만 생각해라. 그만 걱정해라. 그만 불안해하라. 그만 망설이고, 그만 의심해라. 그만 두려워해라. 그냥 해라. 수많은 이유로 당신의 실행은 생각에 그쳐 있다. 당신이 걱정하는 것만큼 당신이 잃은 건 없다. 왜 당신이 그 일을 하지 않아서 잃을 건 걱정하지 않는 건가? 조금 더 과감해져라. 무모해져라. 아무것도 하지 않으면 아무 일도 일어나지 않는다. 잘되지 않을 수 있다, 게임에서 질 수도 있다. 누군가 비웃을 수도 있고 한심한 사람 취급할 수 있다. '거 봐. 쟤 저럴 줄 알았다.' 이 말이 두려운가? 겨우 이 말이 두려워서 행동하지 못하는가? 이런 말들과 주변의 평판은 아무것도 아니다. 생각하고 결정했으면 행동해라. 더 이상의 생각은 그 행동을 하는 데 걸림돌이 될 뿐이다. 생각이 많아지면 용기는 사라진다. 겁쟁이처럼 굴지 마라. 그냥 해라.

11.

최악의 상황이라고 생각하며
움직여라

사업체를 운영하면서 정말 최악의 상황이라고 여겨졌던 순간이 몇 번 있다. 최악의 상황을 넘기고 나서 깨달은 게 한 가지 있다. '이게 마지막 순간일 수도 있다.'라고 생각하며 행동해야 한다는 것이다. 정말 최악의 상황이 아니며, 일이 잘 풀리고 있는 상황이라도 그렇게 생각하며 행동해야 한다. 누군가 이렇게 말했다. '직장을 다니고 있지만 사업을 준비하는 사람들은, 우선 직장을 다니면서 작은 비즈니스를 먼저 해봐라, 돌아갈 곳이 있고, 도전을 여러 번 할 캐시가 있어야 정신적으로 스트레스를 받지 않고 사업할 수 있다.' 반은 동의하는 말이다. 하지만 스트레스를 안 받으면서 사업을 하겠다고? 야구 배트를 휘두르지 않고 홈런을 기대하는 것과 다르지 않다. 스트레스는 사업과 같은 말이다. 만약 스트레스 없이 하는 사업을 하고 싶다면 그냥 다니던 직장을 계속 다녀라. 직장과 작은 사업을 계속 병행하며 스트레스 없이 사업을 할 수 있다면 그렇게 해도 좋다. 하지만 돌아갈 곳이 없으며 막다른 길에 다다랐다고 느꼈을 때 인간은 초인적인 힘을 발휘한다. 궁지에 몰린 쥐는 고양이를 물려고 한다. 그게 최선의 방법이기 때문이다.

『손자병법』에서 손자가 말했다. '어떤 전투를 하던 적들의 퇴로는 만들어 놔라.' 퇴로가 없는 병사는 더 이상 물러설 곳이 없기에 목숨을 걸고 싸운다. 돌아갈 곳이 없는 자는 두려울 것이 없으므로 할 수 있는 모든 것을 다한다. 아무것도 긴박하다고 느끼지 않기 때문에 당신의 능력의 반만 발휘하는 것이다. 지금 상황을 개선하기 위한 유일한 방법은 행동을 통해 당신이 느끼는 압박을 표현하는 것이다. 당신이 정말 돌아갈 곳이 없고 잃을 게 없는 상황이 되기 전에 당신의 마인드만이라도 그 상황에 놓아두고 그렇게 행동해라. 그러면 당신이 하는 모든 싸움의 승률을 높일 수 있을 것이다. 목숨을 걸고 싸우는 사람은 돌아갈 곳이 있는 사람과 전투에 임하는 태도가 근본적으로 다르다. 항상 이런 마음가짐일 수 없겠지만, 주기적으로 상기하고 돌아갈 곳이 없는, 목숨을 건 전사라고 생각하고 하는 일에 임해라. 진천 선수촌에 있는 국가대표 운동선수 중에 '이거 아니면 돌아가서 딴 거 하자'고 생각하며 훈련에 임하는 선수는 아무도 없을 것이다. '여기서 낙오되면 난 끝이다. 뒤는 낭떠러지다.'라는 마음으로 그 혹독한 훈련을 견딜 것이다.

실제로 물러날 곳이 있고, 플랜B가 있으면 좋다. 하지만 안일한 마음으로 최대의 성과를 내기는 힘들 것이다. 사람은 가끔 뒤로 돌아설 수 없다고 느끼고 전진해야만 한다고 느낄 때 진짜 본인의 능력을 알 수 있다. 그러니 머릿속으로 상기해라. 지금이 최악의 상황이라고 그리고 움직여라.

12.

애처럼 굴지 마라

우리가 극도로 기피해야 하는 인간 부류를 한 가지 고르라고 한다면 징징거리는 인간들이다.

그런 인간들 특징은 자기 앞에 놓인 상황에 불평만 할 줄 알며 남들이 이룬 것들 모두 운이라고 말한다. '내가 사업에 실패한 원인은 시장 상황이 안 좋았고, 전염병이 돌았고, 연예인이 어쨌고.' 이런 말이나 할 줄 알고 술을 마시고 푸념이나 할 줄 안다. 이런 사람들과 어쩌다가 같이 술 한잔하는 날이면 술자리가 끝날 때까지, 그 사람의 푸념만 듣다 일어난다. 힘든가? 하기 싫은가? 그럼 하지 마라. 위로받아야지 할 수 있고, 누가 하라고 등을 토닥여줘야지 할 거 같으면 하지 마라. 낮잠이나 자든가, 넷플릭스나 봐라.

모든 사람이 출발점이 같다는 말은 거짓말이다. 내 아버지는 가족을 부양하기 위해 새벽같이 일어나 신문 배달을 하셨다. 술에 취한 취객을 태우고 대리운전하셨다. 떨어지면 즉사할 만큼 높은 작업대에서 천장을 바라보고 일하셨다. 하루에 잠을 두세 시간 자며 일하셨다. 한 번도 투정 부리거나 눈물 흘리거나 하지 않았다. 누구는 운이 좋아서 정말 운만으로 잘됐을 수도 있고, 누구는 정말 운때가 안 맞아서 실패했을 수도 있다. 하지만 그런 건 중요하지 않다. 그렇게 생각하고 입 밖으로 말을 뱉으며, 투정 부려도 상황은 변하지 않는다.

일어나서 움직여라. 다섯 살 된 아이처럼 울며 위로해 달라고 하지 마라. 다 큰 어른답게 행동해라. '나도 너처럼 사업해야 했는데.', '3년 전에 커피집 차릴걸, 헬스장 차릴걸.' 타임머신이 있거나, 과거로 시간여행 할 방법이 있는 게 아니면 그런 말은 일기장에 적어라. 당신의 신세 한탄을 듣고 불쌍하게 여기는 사람은 아무도 없다. 자신을 불쌍케 여기며 보살펴야 할 존재로 취급하는 순간 더 약해지고 혼자서 할 수 있는 건 아무것도 없다 이러나저러나 할 계획이고 해야 할 일이면 그냥 해라. 필사적으로 해라. 사업할 때 대출해야 하거나 투자받아야 한다면 자존심 굽히고 무릎이라도 꿇을 수 있어야 한다. 남들에게 아쉬운 소리를 하는 것을 좋아하는 사람은 없으며, 자존심이 없는 사람 없다. 하지만 어쩌겠는가 할 수 있는 최선의 선택이 그것이라면 해야 한다. 투잡, 쓰리잡을 해서 상황이 개선될 것 같으면 그렇게 해라.

안 좋은 상황에 놓인 스스로가 세상에서 제일 불쌍하고 안쓰러운가? 그래서 침대에서 한 발짝도 못 움직이겠는가? 그럼, 거기 그대로 있어라. 세상 사람들은 아무도 신경 쓰지 않을 것이다. 평생 스스로 위로하면서, 같은 처지인 사람들끼리 '최고의 시너지'를 만들며 위로하고 살아라. 기억해라. 투정부려서 해결되는 건 다섯 살까지다.

13.

시작한 일을
반드시 끝내는 방법

누구에게나 하루는 24시간으로 이루어진다. 재산이 1,000억 있는 자산가와 빚이 10억 있는 빚쟁이도 하루는 24시간으로 주어진다. 누구에게나 공평하게 주어지는 것이 시간이다. 그 시간을 어떻게 사용하는지가 인생을 결정한다. 학생 때의 시간을 공부와 학업으로 사용했다면 좋은 대학에 진학할 확률이 그렇지 않은 사람에 비해 높을 것이다. 당연한 이야기다. 시간을 어떻게 활용해야 잘 활용할 수 있을까.

영화 〈인타임〉을 보면 손목에 자신이 살아 있을 수 있는 시간이 표시되어 있다. 현실에서는 손목에 자신의 남은 수명이 표기되어 있지는 않지만, 시간은 유한하고, 우리는 그 시간이 다 되면 죽는다. 재산이 1,000

억이 있든, 빚이 10억이 있든 마찬가지다.

우리는 이런 말을 자주 한다. '시간 없어서 못 했다.', '공부할 시간 없었다.', '운동할 시간이 없었다.' 사실일 수 있다. 정말로 시간이 없어서 못 했을 수 있다. 하지만 대부분 시간이 없어서 못 한 일은 자신에게 별로 중요하지 않거나, 하고 싶지 않은 일일 확률이 높다. 꼭 해야 하는 일이고 중요한 일이라도 그럴 수 있다. 수험생에게 공부는 중요한 일이지만 공부할 시간이 부족했기에 시험에 떨어질 수도 있고, 투자유치를 위해 투자 제안서를 작성하는 사업가가 제안서를 만들 시간이 부족해서 결국 투자를 못 받을 수도 있는 것이다. 그런데 아이러니하게도 이런 일들은 대부분은 시간이 많은 사람에게 일어난다. 시간이 많은 수험생이 시간이 없어서 시험에 떨어지고, 시간이 많은 사업가가 시간이 없어서 투자 제안서를 작성하지 못한다. 시간이 많다고 '생각'해서 '조금 있다가' 하면 된다고 착각하게 된다. 하지만 시간은 흐르고 '조금 있다가'라는 과거가 된다. 그리고 준비하지 못한 것은 현실이 된다.

내가 살면서 책을 가장 많이 읽었던 시기는 24살 전역을 하고 공장에서 주야간으로 일을 하던 시기였다. 새벽 6시에 출근해서 집에 귀가하면 저녁 10시였다. 8시에 공장 라인작업이 시작되었고 2시간에 한 번 10분씩 쉬었다. 12시가 되면 한 시간 동안 점심을 먹고 다시, 저녁 7시 30분까지 일했다. 퇴근하면 곧장 운동하러 헬스장을 갔다. 그렇게 운동을 마치고 집에 들어오면 이르면 밤 10시 늦으면 11시였다. 그렇게 주 6일을 살았다, 그러면서 한 주에 1권 이상의 책을 읽었다. 지금 돌이켜보면, 살면서 나에게 주어진 개인 시간이 가장 없던 때이다. 하지만 그때가 내 인생에서 가장 독서를 많이 했던 때이다. 새벽 6시에 눈을 뜨면 15분 만에 출근 준비를 마친 후 옷을 다 챙겨 입고 신발장 앞에 앉아서 20분간 책을 읽었다. 6시 40분쯤 집 앞에 통근버스가 왔기 때문에 그 시간까지 책을 읽었다. 그리고 버스에 타면 공장까지 가는 40분 정도의 시간 동안 또 책을 읽었다. 버스에서 내려서도 걸어가면서 책을 읽었다. 8시 공장라인 작업이 시작하고 쉬는 시간이 되면 바닥에 스티로폼 하나를 깔고 앉아 쉬는 시간 10분 동안 책을 읽었다. 그리고 다시 10분 뒤 일을 했다. 점심 시간이 되면 뛰어가서 점심을 먹고 20분 안에 다시 달려와, 바닥에 스티로폼을 깔고 다시 책을 읽었다. 그렇게 퇴근 후에 퇴근 버스에서 40분 정도 책을 읽었다. 헬스장에서 운동을 마친 후 집에 돌아오면 샤워를 한 후 30분에서 1시간 정도 책을 읽고 잠자리에 들었다. 주말이 되면 아침 6시에 눈을 떠 밤 10시까지 책을 보고 잠자리에 들었다. 책 표지 한 장을 넘기면 나오는 빈 페이지에 2014.05.04~2014.05.09라고 적으면서 그 책을 완독한 기간을 적었고 별점을 표시해 두었다. 별 5개, 별 2개, 별 4개, 별 3개 이상의 책은 다음번에 또 읽고 읽었다.

공장에서 돌아가는 거대한 기계의 부품 같은 삶을 사는 게 싫었고, 내가 원하던 삶은 이런 삶이 아니었으며 다른 삶을 살고 싶었다.(난 공장에서 일하는 노동자들을 폄하하는 게 아니다, 신성한 노동의 가치를 깎아내릴 생각이 없으며 단지 내가 원하는 삶은 그것과는 다른 삶이었다고 이야기하는 것이다.) 그래서 독서를 했다. 성공한 사람들의 지식과 지혜를 얻기 위해, 혹은 악인이라고 불리는 사람들을 반면교사 하기 위해, 사회적으로 위인이라고 인정받는 사람들의 삶을 대하는 태도를 배우기 위해. 통근버스를 타는 40분, 라인 작업이 멈춘 쉬는 시간 10분. 점심시간 1시간이 아니면 책을 읽을 수 없다고 생각했다. 10분이 지나면 나는 다시 일어서서 라인을 타고 내려오는 냉장고 부품을 조립해야 하니까. 점심시간 1시간이 지나면 다시 내 손에는 책이 아닌 냉장고 부품이 있을 테니까. 오늘이 지나면 다시 내 하루는 내가 아닌 누군가의 삶을 위해서 돌아가는 톱니바퀴가 되니까. 그래서 필사적이었다. 거짓말처럼 책을 읽으니 뭔가를 하나씩 배우게 되었고, 그런 느낌을 받는 것도 즐거웠다. '이때까지 내가 이런 걸 모르고 살았다니.'라고 생각한 적이 한두 번이 아니다. 그 시기는 내 인생에서 가장 독서를 많이 했던 시기였다.

긴 인생을 살아온 건 아니지만, 지금은 내가 살았던 짧은 삶에서 육체적으로 자유롭고 시간 또한 유동적으로 사용할 수 있는 편에 속한다. 하지만 그때만큼 독서하지 않는다고 가용할 수 있는 시간은 몇십 배 늘었지만, 독서량은 반 이상 줄어들었다. 이제 쉬는 시간 10분 뒤에 작동하는 컨베이어벨트도 없고, 조립해야 할 냉장고 부품도 없다. 쉬는 시간 10분이 아닌 회사에 있는 8시간 내내 책을 보든, 유튜브를 보든 뭐라고 하는 사람도 없다. 출근하는 5일 내내 회사에서 책만 봐도 뭐라고 하는 사람 없으며, 업무시간 도중 카페에 가서 생각을 위한 시간을 가져도 된다. 최근에 독서하기 위해, 소파에 앉아 책을 펼치고 10분 정도 읽다가, 전화기 알림을 확인하고, 메일을 확인하는 일을 반복했다. 그리고 저녁이 되면 '아 오늘은 뭔가 자잘하게 바빴나, 책을 별로 못 읽었네.'라고 생각했다.

스스로가 가진 시간이 많다고 생각하면 절대로 많은 일을 할 수 없을 것이며 항상 시간이 부족할 것이다. 시간은 한정적이고 우리는 나이 들며 이 순간은 내일이 되면 어제가 되고, 아쉬움이 남는 작년이 될 것이며 조금은 후회되는 것들이 있는 한때가 될 것이다. 지금 나는 어떤 것을 꼭 해야겠다고 마음먹었으면 그 일을 1시간 혹은 2시간 단위로 나눈다. 그리고 생각한다, 나에게 주어진 시간은 단 2시간이다. 이 2시간이 지나면 이 일을 할 수 없다, 그렇게 2시간을 그 일에만 온전히 몰두한다. 꼭 읽어야 하는 책이 있거나 책이 있으면 2시간이 지나면 나는 더 이상 책을 못 읽게 될 거라고 생각하며 2시간을 책을 읽는다. 그러면 온전히 집중을 할 수 있던 거 같다. 물론 모든 일을 매번 이렇게 하는 건 아니다. 하지만 우리는 가능한 시간이 없는 사람처럼 행동하며 움직여야 한다, 그래야 많은 것을 할 수 있고, 꼭 해야 하는 일을 할 수 있다.

당신이 지금 하는 일에 진도가 나가지 않는 이유는 아무것도 긴박하게 느껴지지 않기 때문이다. 지금 당장 당신에게 주어진 시간 자원을 허비하기엔 당신이 지금 처한 상황이 녹록지 않다고 생각해야 한다. 데드라인을 정해라. 어떤 일에 기한을 여유롭게 잡지 말고 타이트하게 잡아라. 이게 마지막일 것처럼 행동해라.

지금에 이 글을 쓰고 있는 시간은 새벽 12시 54분이다. 나는 새벽 1시까지만 글을 쓸 수 있고, 새벽 1시 1분이 되면 컴퓨터가 꺼진다는 생각으로 글을 쓰고 있다. 즉 내가 지금 가용할 수 있는 시간은 6분뿐이라는 생각(타이핑하던 찰나에 5분 남았다.)으로 글을 쓰고 있다. 물론 1시에 컴퓨터가 꺼지지도 않고 그 이후에도 글을 더 쓸 수도 있을 것이다. 하지만 최소한 이 6분은 내가 여기에만 온전하게 집중을 할 수 있는 상태가 된다. 1시가 되면 다시 생각하면 된다. 2시가 되면 컴퓨터가 꺼지고 나는 글을 쓸 수 없다고 생각한다. 이 방법이 웃긴다고 생각 들 수 있다, 그렇게 생각할 수도 있다. 그러면 지금 시계를 확인해라. 지금으로부터 약 5분밖에 책을 못 읽는다고 생각해 봐라. 당신의 집중력은 몇 배 더 향상될 것이고, 글도 빠르게 읽어 내려갈 것이다.(이 방법을 '포모도로 기법'이라고 부른다.) 다시 한번 이야기하겠다.

당신에게 중요한 일이거나, 꼭 해야 하는 일이 있다면 데드라인을 타이트하게 잡고 일을 해 나가라. 되도록 촘촘하게 잡는 것이 능률을 올리는 데 더 도움이 된다. 지갑에 돈이 많다고 생각되면 돈을 쉽게 쓰게 되고, 나에게 시간이 많다고 생각되면 시간을 쉽게 쓰게 된다. 15분, 30분, 1시간 다 좋다. 당신에게 맞는, 타이트한, 촘촘한 시간 구성을 한번 만들어서 일을 해봐라. 장담하건대 자신도 놀라울 정도로 높은 집중력을 발휘하게 될 것이다.

"그 여정이 바로 보상이다."

- 스티브 잡스

Chapter 4.

NO PRICE NO GREATNESS

도전의 두려움을
어떻게 다루는가

1.

경쟁력이 있으면
두렵지 않다

혹시 스포츠를 좋아하는가? 보는 것을 좋아하는가? 직접 하는 것도 좋아하는가? 꼭 스포츠가 아니더라도 좋다. 남들과 경쟁하고 승자와 패자가 나뉘거나 등수가 정해지는 모든 행동을 통틀어서 그런 행동을 하는 것을 즐기는가? 난 굉장히 즐긴다. 절대평가보다 상대평가가 더 재밌고 나를 흥분시킨다. 내가 1등이 되었을 때, 내가 승자가 됐을 때의 쾌감은 이루어 설명할 수가 없다. 깊은 곳에서 피가 끓어오르며 내가 살아 있음이 느껴진다. 하느님께서 인간을 만들 때 주신 감정 중 가장 짜릿한 감정이 아닐까 하고 개인적으로 생각하기도 한다.

경쟁을 즐겨라. 링이든 옥타곤이든 올라가서 상대방과 싸우는 경쟁이든, 논리적 대화를 통해 상대방을 굴복시키는 토론이든, 체스 말을 앞에 두고 수 싸움을 하는 체스 게임이든 다 좋다. 그것들을 즐기는 연습을 해라. 삶은 게임이자 선물이다. 이 게임에서 경쟁은 메인 콘텐츠다. 그런데 메인 콘텐츠를 하는 게 괴롭다면 게임이, 인생이 얼마나 지루하겠는가. 만약 내가 이 삶 속에서 나의 가치를 증명할 수 없다면, 어떤 것도 도전할 수 없다면, 그런 삶은 생각조차 하기 싫다. 내가 삶을 살아가는 동안 신이 주신 어떤 사명이다, 확신할 수 있다. 내가 이렇게 간절하게 바라고 절대 포기하지 않으려 애쓰며 집착하는 이유가 과연 그것이 아니면 어떤 것으로 설명할 수 있겠는가.

당신과 내가 스스로 가치를 증명할 수 있는 유일한 방법은 경쟁하고 그 경쟁에서 승기를 잡는 거다. 자신의 가치를 증명한 모든 인류는 전부 어떠한 경쟁에서 승리했다. 화합과 평화만을 외치는 정치인들도 그들끼리의 경쟁에서 승리해 자신의 가치를 증명한 것이다. 어떤 예외도 없다, 절대 없다. 위대해지고 싶은가? 존경받고 싶은가? 가치 있는 사람이 되고 싶은가? 간단하다, 싸워라 이기고 쟁취해라. 당신이 인간이기에 받는 존엄은 하느님께서 당신을 만들 때 그냥 나누어 준 것일 수 있지만 존경은 경쟁과 전투를 통해서만 얻을 수 있다. 그렇기에 더 가치 있다. 아무나 가질 수 없으니까. 경쟁이 싫은 사람들은 대부분 경쟁력이 없는 사람들이다. 종합격투기 단체인 〈UFC〉 최고의 스타 맥그리거는 격투기 실력으로 보나 사람들을 끌어오는 흥행력과 스타성으로 보나 최고의 가치를 지닌 사람이다. 경쟁력이 있다. 그렇기에 〈UFC〉 단체에서 그 누구와도 비교할 수 없을 만큼의 높은 연봉을 받고 그 가치를 인정받는다. 믿기 힘들고 받아들이기 싫겠지만 당신이 받는 시급과 월급 그리고 그 연봉은 이 사회가 당신의 '생산 능력'을 정의한 지표이다. 당신이 아무런 능력이 없고 하루 종일 넷플릭스를 보면서 시간을 보내다가, 편의점의 아르바이트에 나가서 시급 1만 원을 받는다면 당신이 사회에 기여하는 경제적 값, 생산 능력의 값어치는 1만 원 정도일 가능성이 높다.

경쟁력이 없는 사람들은 사회에 불만을 표출한다. 최저시급을 올려달라고 시위하거나 사회적 분위기를 조성한다. 정치인들이 올리자고 말한다고? 당연하다. 그렇게 말해야 경쟁력 없는 사람들의 표를 얻을 수 있으니까.

우리가 있는 이 사회에서 누군가 최저시급을 올려달라고 외치는 이유는 간단하다. 최저시급이 본인이 얻을 수 있는 최대한의 가치라고 생각하며 그 최저시급은 국가에서 정하는 것이기 때문이다. 그들은 생산 능력을 올리기 위해 노력하지 않는다. 책상에 12시간 동안 앉아서 싫어하는 교과 공부를 하기 싫고, 자격증을 따기 위해 밤새우며 노력하지도 않는다. 하지만 더 나은 대우를 원한다. 집에서 치킨과 맥주를 먹으면서 말이다.

만약 그들이 최저시급 1만 원을 받지 않고, 시간당 300만 원을 받는 스타 강사라면 최저시급에 대해 그렇게 울분을 토할까. 그들이 의사이거나 변호사, 이런 전문직에 종사하는 사람이라면? 그들은 최저시급을 올려달라고 나라에 토로하지 않을 것이다.

우리는 경쟁을 즐기며 경쟁에서 이기기 위해서 노력해야 한다. 당신과 내가 대한민국 살아가고 있는 이상 우리는 경쟁을 두려워하면 안 된다.(어쩌면 한국이 아니라 지구에 있는 대부분의 나라에서도…) 오히려 경쟁을 즐기고 이것을 이용해야 하며 경쟁을 할 수 있고 경쟁으로 우리의 가치가 결정된다는 것에 하루하루 감사하며 살아야 한다.

당신과 나는 경쟁을 즐기고 경쟁을 할 수 있는 환경에 있는 것을 감사하며 살자. 우리의 모든 가치를 최상위로 평가받을 수 있게 끌어올리고, 더 나아가 누군가를 평가할 수 있는 위치에 올라가기 위해 경쟁하자. 도전이 두려운가? 그러면 경쟁력을 키워라, 더 발전된 당신이 돼라. 경쟁을 피하지 말고 즐겨라. 당신의 가치를 증명할 수 있는 최고의 방법은 경쟁이다.

2.

생각보다 심각한 일이
아니다

많은 사람이 어떤 일을 시작하기 전, 도전하기 전 두려워하기도 하고 긴장한다. 이 일을 꼭 해야 할까, 내가 잘할 수 있을까, 혹여나 큰일이 생기지 않을까. 처음 킥복싱 스파링을 했었을 때가 기억난다. 코치님이 받아주는 식의 가벼운 스파링만 했다가 모든 기량을 다 쓰는 시합과 같은 스파링을 했다. 1라운드가 시작하기 전 묘한 긴장감과 조금의 두려움이 있었다. 이런저런 생각이 머릿속을 지나쳤고 터치 글러브와 함께 1라운드를 시작했다. 잠깐의 탐색전을 마치고 왼손 잽을 두어 번 날린 후 오른손 라이트를 크게 들어갔다. 들어간 순간 상대방의 훅이 내 얼굴에 꽂혔다. 그리고 로우킥이 내 왼쪽 허벅지로 날아왔다. 내 왼쪽 허벅지에 상대방의 다리가 맞닥뜨리는 순간, 내 얼굴에는 웃음기가 돌았다. 생각만큼

아프지 않았다. 스파링을 하기 전 상대를 분석하며 내 머릿속에는 상대방에 대한 두려움이 자리 잡고 있었다. 하지만 막상 상대방을 맞닥뜨려 보니 내가 상대방을 과대평가한 것이었다. 내가 두려워했던 건 상대방이 아니라 내가 만든 상상이었다.

나는 두렵다고 생각하는 일을 하기 전, 이 일이 내가 생각하는 것만큼 두려운 일인가? 내가 혹시 이 일을 더 과장되게 생각하고 있는 것은 아닌가? 이 일이 내 계획대로 되지 않을 때 정말로 큰일이 일어나는가? 되묻는다. 당신이 두렵다고 생각하는 일을 했을 때 그 일이 잘못된다면 당신의 다리 한쪽이 사라진다든가, 앞을 못 보게 된다든가, 시한부가 된다든가, 그런 상황이 일어나는가? 일어날 확률이 있다면 큰일이다. 그 일은 정말로 심사숙고를 한 후 결정해라. 하지만 그렇지 않다면, 그다지 큰일이 아닐 확률이 높다.

투자에 실패할 수 있다. 사업에 실패할 수도 있다, 사랑하는 사람이 바람을 피울 수도 있다. 하지만 투자하지 않으면 투자로 돈을 벌 수 없고, 사업하지 않으면 사업으로 돈을 벌 수도 없다. 사랑하지 않으면 삶 속에 아름다운 가치 중 하나를 모르고 살 수 있다. 당신이 생각하는 게 정말로 당신을 벼랑 끝으로 몰고 갈 만큼 두려운 일인가 생각해 봐라. 그 일이 당신을 벼랑 끝으로 몰고 갈 일이 아니라면 도전해라. 당신 생각보다 그 일은 별 일 아닐 수 있을 것이고 당신이 두려워하는 최악의 상황은 생각보다 쉽게 오지 않는다. 막상 해보니 별일 아닐 수도 있을 것이고, 당신이 생각한 만큼 어려운 것도 아닐 수 있다. 지레 겁먹지 마라. 할 수 있다고 생각하면 할 수 있다, 그리고 할 수 없다고 생각하면 그 생각도 맞는 생각이 된다. 도전하는 것을 두려워한다면 어떠한 행동도 할 수 없을 것이다. 두려워서 하지 마라, 심각한 일은 당신이 생각하는 것만큼 쉽게 일어나지 않는다.

3.

당신은
다 익은 벼가 아니다

'건방지다.', '싹수 없다.' 당신은 살면서 이 말을 얼마나 많이 해봤는가, 혹은 얼마나 들어봤는가? 한국의 유교 사상은 당당한 사람을 싹수없는 사람. 혹은 건방진 사람으로 표현하는 경우가 많다. '벼는 익을수록 고개를 숙인다.'는 말이 있다. 멋진 말이다. 하지만 이 말이 굉장히 아무렇게나 남용되고 있으며, 아직 익지도 않은 벼들에게 고개를 숙이라고 강요하는 사회적 분위기를 조성하고 있다. 벼는 익기 전까지 고개를 들고 뜨거운 태양을 바라보고 있다. 당신의 지금 사회적 위치 혹은 재력이 다 익은 벼처럼 정점에 도달해서 겸손이 미덕이 될 수준인가? 어떤 것이든 좋다. 정말 고개를 숙인 벼가 될 만한 수준인가? 그게 아니라면 당신은 그렇게 겸손할 필요가 없다. 싸가지 없게 행동하라는 말이 아니다. 당당하게 보이란 것이다.

　고개를 들고 어깨를 펴라. 어깨를 안쪽으로 말아 넣고 '예스'만 말할 줄
아는 사람이 될 바엔 차라리 싸가지 없이 보이며, 당신의 주장과 논리를
펼칠 수 있는 사람이 돼라. 자신감 있는 말투와 표정과 제스처를 해라.
억지로 당신을 낮추지 마라. 겸손이 미덕인 경우는 분명히 있다. 하지만
당신이 야망이 있고 성공 가도를 달리고 싶다면 그런 미덕은 당신이 어
느 정도 이룬 후 당신 스스로가 자연스럽게 그렇게 변할 때 취하면 된다.
당신이 조금 더 당당한 모습을 가질 때 어떤 것을 시작하고, 도전하며 모
험하는 것에 대해서 스스로 겁먹지 않게 될 것이다.

4.

뚜렷한 목표는
강한 동기를 부른다

사람이 행동하기 위해선 동기와 이유가 필요하다. 동기와 이유가 없다면 그 행동은 지속하기 힘들다. 인간은 아무런 이유 없는 행동은 하지 않는다, 어떤 행동을 하는 것에는 분명한 이유가 있다. 공부를 한다면 시험에 붙어야 할 것이고, 시험에 붙어야 할 이유는 취업을 위해서일 테고 취업이 돼야 하는 이유는 돈을 벌기 위함일 것이다. 물론 나열하자면 더 나열할 수 있지만 굳이 의미 없기에 하지 않겠다. 당신이 부양해야 할 아내와 아이들이 있다면, 직장을 다니는 마음가짐이 처자식이 없는 총각과는 다를 것이다. 당신은 자진해서 야근할 것이고, 당신 앞에 있는 프로젝트를 훌륭한 성과로 마치기 위해 적극적으로 행동할 것이다.

값싼 위대함은 없다

우리의 모든 행동에는 크든 작든 다 이유와 동기가 있다. 이 이유와 동기가 얼마큼 자신에게 필요하고, 강력하게 원하는가가, 그 행동의 크기와 적극성에 차이를 보여준다. 그냥 남들이 헬스장에 다니니까, 나도 운동하면 남들처럼 근육질의 몸이 될까, 하는 마음가짐으로 운동을 한다면 몸이 빠르게 성장하지 않을 것이다. 다른 경우로, 6개월 뒤에 바디프로필을 찍는다거나 혹은 1년 뒤 보디빌딩 대회에서 입상하기 위해 운동을 한다. 목표가 확실하다. 이 사람은 그냥 운동하는 사람보다 더 적극적으로 운동을 할 것이고 필요하다면 식단까지 병행할 것이다. 이런 적극성을 만들어 준 것은 '목표 의식'이다. 목표를 달성하기 위한 행동의 동기를 최댓값으로 설정한 후 거기에 맞춰 움직이는 것이다.

강력한 목적과 확실한 목표만이 강력한 행동을 부른다. 좋은 목표는 마치 아름다운 마차를 끌고 있는 잘 훈련된 말과 같다. 우리가 가치 있는 삶을 살기 위해서, 그리고 도전을 두려워서 하지 않으며 경쟁을 즐기기 위해선 강력한 목표가 필수이다. 당신의 목표는 무엇인가?

5.

분노를 활용하는 방법

인생에서 가장 고마운 사람을 10명만 손꼽으라고 한다면 나는 제일 먼저 군대에 있던 시기 나를 싫어하고 모욕하며 괴롭혔던 선임들 2명을 꼽을 것이다. 그 사람들 덕분에 지금의 몸을 가졌으며, 스트레스를 견딜 수 있는 멘탈이 만들어졌다. 만약에 이 글을 읽는 사람 중 특전사 3여단에서 근무하고 15년 8월 군번에서 16년 5월 군번이며 나를 알고 본인이 생각하기에 나를 싫어했고 모욕하고 나에게 수치심을 줬다고 생각하는 사람들은 책 앞에 적혀 있는 인스타그램 아이디로 본인 이름과 군번 적어서 연락해라. 내가 술이라도 사겠다.

군대에 처음 들어갔던 시기에 나를 싫어했던 선임들이 꽤 많았다. 내가 부대로 전입을 간 첫날 저녁점호 시간에 목소리가 작다는 이유로 30분 정도 혼났던 기억이 있다. 물론 내 추측일 뿐이다. 나를 혼낸 선임은 내 태도가 마음에 안 들었을 수도 있고, 내 생김새가 마음에 안 들었을 수도 있다. 여러 이유가 있었겠지만, 나로선 억울했다. 그렇게 내 군 생활은 시작부터 순탄치는 않았다. 나를 유독 싫어했던 그 선임이 전역한 이후로도, 그 선임의 주변 군번들이 나를 주시했고, 내가 계급이 낮았던 시절에는 그런 분위기 때문에 힘들었다. 남자들끼리 생활하는 공간이다 보니 아무래도 물리적인 위협이 있었고 최대한 그런 상황을 피하고자 노력했다.

내가 할 수 있는 것이라곤 내 마른 몸을 근육질로 만들어 최대한 쉽게 보이지 않게 하는 것이었다. 물론 근육질이라고 해서 선임이 후임을 혼낼 수 없는 것은 아니지만 심리적으로 쉽게 보이지 않게 하고 싶었다. 웨이트트레이닝을 전문적으로 배워본 적이 한 번도 없었지만 매일 체력단련실(헬스장)에서 2시간씩 운동을 했다. 처음에는 헬스 기구를 사용하는 방법을 몰랐기에 팔 굽혀 펴기나 윗몸일으키기를 했고, 근력이 조금 생긴 후 턱걸이를 하고 그 후에는 덤벨, 바벨을 들고 운동했고 차츰 헬스기구를 사용해 운동했다. 컨디션이 좋든 안 좋든 일과가 바쁘든 안 바쁘든 매일 2시간은 체력단련실에서 보냈고, 운동을 1시간만 하더라도 남은 1시간을 서성이며라도 체력단련실 안에서 보냈다. 그러다 보니 어느 샌가 내 팔뚝은 마른 멸치에서 어느 정도 근육이 붙었고, 계란 같았던 어깨도 오리알 정도가 되는 사이즈로 진화해 있었다.

내가 처음 자대 배치를 받았을 때 나에게 스트레스를 주고 나를 위협했던 선임들이 없었으며 모두가 나를 반겨주었다면 내가 독기를 품고 운동했을까? 아니라고 생각한다. 내가 처한 상황을 개선하기 위해 내가 할 수 있는 최선의 노력이 운동뿐이었기에 거기에 몰입했던 것이고 좋은 결과를 만들었다. 내가 겪은 스트레스와 분노는 나를 움직이는 연료가 돼주었고, 그 연료로 인해 나는 빠르게 달리고 성장했다.

지금 우리가 겪고 있는 이 스트레스와 두려움 그리고 분노는 우리를 달리게 하는 연료이자 높은 담을 넘을 수 있는 디딤돌일 뿐이다. 분노해라. 그래야 성장할 수 있다. 당신이 처한 상황에 분노하고 개선하기 위해 노력해라. 불편함을 느끼고 욕하고 울분을 토하고 소리 지르고 분해서 울어라, 그 감정이 우리를 성장시킬 것이다.

인류를 발전하게 한 것은 인간이 자신이 처한 상황에 불편함을 느끼고 그것을 개선하기 위해서 무엇인가 발명하고 발견하고 창조함이다. 인간이 가장 크게 성장할 때는 스트레스를 받을 때이다. 스트레스를 받는 그 순간은 고통스럽겠지만 그 고통이 끝난다면 그 스트레스를 받기 전과는 비교도 안 될 만큼 성장해 있다.

분노라는 감정은 현재 상황이 나에게 불합리한 상황이며, 무엇인가 개선해야 할 필요가 있다고 알려주는 경고 센서 같은 감정이다. 그런 감정을 느끼기에 상황을 바꿀 만한 행동을 하는 것이다. 이렇게 인간을 가장 강하게 바꾸는 감정들을 우리는 연료로써 이용해야 한다.

6.

겁쟁이를
존경하는 사람은 없다

'이거 했는데 실패하면 어쩌지!', '남들이 비웃을 거 같은데.', '내가 뭐라고 이걸 해도 되나!' 이런 생각은 혼잣말로도 하지 말고, 머릿속으로 두 번 다시 되뇌지도 마라. 실패하면 뭐 어떤가, 남들이 비웃으면 뭐 어떤가. 그런 건 아무것도 아니다. 당신이 해서 안 될 도전과 당신이 해서는 안 될 시도 따위는 없다. 겁쟁이들이나 할 법한 소리를 입 밖으로 내뱉는 순간 당신 주변에는 천둥번개 소리에도 놀라 웅크리는 강아지 같은 사람들만 모일 것이다.

남들이 비웃지 않는 꿈을 꾼다는 건 그 꿈의 크기가 크지 않은 것이며 대단하지도 않은 것이다. 실패할 수 있다, 하지만 처음부터 잘하는 사람은 드물고, 실패는 과정일 뿐이다. 비웃을 수 있다. 하지만 그 비웃음과 조롱을 원동력으로 당신을 비웃은 사람들에게 증명해 보인다는 목표를 가지고 당신의 칼을 더 날카롭게 갈면 된다. 안 될 수 있다. 당신이 아는 위대한 사람들도 수많은 실패를 했고, 처음에는 별 볼 일 없었다. 시도했고 위대해졌다. 겁먹고 있으면 겁쟁이가 되고 그 두려움을 던져버리면 영웅이 되는 것이다. 세계적인 권투선수 마이클 타이슨의 코치가 이야기했다. '승자와 패자는 링 위에서 똑같은 두려움을 느낀다 하지만 패자는 그 두려움과 떨림을 몸으로 다 느끼고 승자는 그 두려움과 떨림을 상대방에게 던져버린다.'

누구나 다 두렵고 떨린다. 견뎌낼 수 있는 두려움의 크기는 다르겠지만, 누구든 본인 그릇보다 큰 시련과 두려움이 오면 떨린다. 하지만 그 시련과 두려움을 보낼 수 있어야 한다. 마이클 타이슨이 링이 위에 올라가는 걸 두려워하는 겁쟁이였다면 수많은 복서가 그를 존경하지 않았을 것이다. 칭기즈칸이 죽음을 두려워하는 전사였으면 아무도 그를 따르지 않았을 것이고, 나폴레옹이 패배를 걱정했다면 프랑스에서 아무도 그를 '황제'라고 부르지 않았을 것이다. 머리는 차갑게 가슴은 뜨겁게 행동해라.

겁내지 말고 야망을 품어라. 당신의 이성적 판단이 아닌 직감이 울부짖는 무엇인가를 따라가면 이성적으로 상상도 하지 못할 거대한 것의 주인이 될 것이다. 2천 년 전에 인류가 지구밖에 나갈 수 있다고 생각한 사람은 미친 사람 취급을 받았으며, 인간이 하늘을 날 수 있게 만든다고 하면 정신 나간 놈이라는 소리를 들었다. 지금은 어떤가? 그들이 위대한 사람인가 아니면 정신이 나간 멍청이인가? 이것들을 처음 시도한 사람, 이것들을 처음 상상한 사람은 이성적으로 행동했다기보다 직감과 영혼을 따라 행동했다. 그리고 이들은 전 인류를 통틀어 아니 지구가 존재하고 현재까지 가장 위대한 사람들로 기억되고 있다. 이는 현재 인류가 모조리 멸망하고 새로운 생명체가 들어선다고 해도 절대로 바뀌지 않을 사실이다.

그 사람이 할 수 있는 상상의 크기와 야망의 크기는 곧 그 사람이 최대치로 될 수 있는 그릇의 지표이다. 진정으로 대단하고 거대한 것은 이성적인 판단과 논리로는 설명할 수 없다. 우리가 겁 많은 겁쟁이가 된다면 이런 야망과 거대한 것들을 감히 이룰 수조차 없을 것이다. 위대한 일을 하고 싶다면, 당신은 두려움을 받아들이고 겁쟁이처럼 행동해서는 안 된다. 이 세상에 겁쟁이를 존경하는 바보는 없다.

7.

생각하라
그리고 문제를 해결하라

'장인은 도구를 탓하지 않으며, 프로는 문제가 발생했을 때 빛이 난다.' 내가 가장 좋아하는 말 중의 하나이다. 우리는 삶을 살아가면서 수많은 위기를 만난다. 사랑, 직장, 가정, 우정 등 다양한 분야에서 위기라고 느끼는 순간에 봉착하게 되는데, 위기를 맞닥뜨렸을 때 어떻게 행동하는지에 따라 그 사람의 크기를 볼 수 있다고 생각한다.

보통 위험한 순간에 부딪히면 사람은 세 가지 유형으로 나뉜다. 첫 번째, 포기하고 도망친다. 굉장히 흔한 부류다. 절반 이상 사람들이 여기에 속해 있다고 해도 과언이 아니다. 두 번째, 위기 순간에 압도되어 얼어붙는다. 이 또한 굉장히 흔한 부류다. 위기 상황에 어쩔 줄 몰라 하며 판단과 선택을 하지 못한다. 그러고 나서 이렇게 말한다 '선택의 여지가 없었다.' 아무것도 선택하지 않은 것도 '선택'한 것이다. 삶에서 진공상태란 없으며 '선택'하지 않고 가만히 있는 것도 '선택'한 것이다. 마지막 세 번째. 어떻게든 이 상황을 타개하고 헤쳐 나가기 위해 수단과 방법을 가리지 않는다. '수단'과' 방법'을 가리지 않는다는 표현이 안 좋게 보일 수 있다. 하지만 여기서 내가 말하는 수단 그리고 방법이란, 그 위험을 타개할 최선의 선택을 말하는 것이니 오해하지 않길 바란다.

당신의 일이 당신 생각대로 순조롭게 진행되지 않았을 때. 당신은 성장할 수 있다. 성장할 수 있는 다른 방법은 세상에 존재하지 않는다, 경쟁하지 않는 플레이어는 성장할 수 없고. RPG 게임에서 퀘스트를 깨지 않으면 레벨업을 할 수 없거나 스킬을 배울 수 없다. 코로나가 전 세계를 휩쓸었을 때, 나는 코로나 덕(?)을 봤다. 우리 회사가 유통하고 있던 제품이 코로나 여파로 인해서 수요가 미친 듯이 늘어난 것이다. 재고를 늘려도 늘려도 감당이 안 될 정도였다. 일이 늘어났지만, 좋았다. 좋다는 감정을 음미하고 있을 때, 우리 회사와 거래하는 택배사에서 택배 출고 날 1톤 차 한 대로 부족하고, 택배사 인력도 부족하다며 우리에게 않는 소리를 했다. 뭐, 이해했다. 힘들 수 있을 테니. 그래서 나는, 그러면 우리가 택배사까지 우리 제품을 가져다주겠다고 이야기했다. 그리고 1톤 탑차한 대를 구매해 직접 배송 물품을 택배 물류센터까지 20km 달려 가져다주었다. 1톤 탑차 한 번으로는 물건을 다 가져갈 수 없기에 두 번 세 번을 옮겼다. 원래는 택배 계약에서 택배를 수거하는 건 당연하고 그 비용이 택배비에 포함돼 있지만. 그때 나는 좋은 게 좋은 것이고 비즈니스 관계라는 게, 서로가 한 발 양보해주는 것이라고 생각했다. 하지만 인간의 욕심은 끝이 없다. 우리 회사 구역이 자기네들 구역에서 조금 벗어나며 이동하는 경로가 힘들다고 토로하는 게 아닌가. 그래서 나는 그 택배사가 활동하는 지역에 자동차도로 근처에 창고를 새로 구해서 제품 유통을 했다.

우리 회사는 굳이 나가지 않아도 될 지출이 한 달에 300만 원 가까이 생겼다. 하지만 택배사는 우리의 배려에 전혀 고마워하지 않았고 오히려 요구가 늘었다. 처음엔 우리 회사 차량으로, 우리 회사직원이 직접 제품을 가져다줬고, 그다음엔 가져간 제품을 레일에 옮기는 일까지 했다. 나는 이렇게 하면 계약한 단가를 수정해야 하는 것 아니냐는 생각이 들며, 거래처 대표가 먼저 내게 연락이 오겠지 생각했다. 아나나 다를까 며칠 뒤, 거래처 대표의 연락이 왔고 1시간 정도 통화를 했다. 안부 인사부터 시작해서 사업 정황에 관해 이야기했다. '요즘 시대 사업은 어떤 일이든 택배사를 끼지 않으면 사업이 진행이 안 된다.' 자기네 회사가 전국에서 유일하게 본인 지분 100%다. 연 매출이 ○억이라는 둥 전혀 궁금하지도 않고, 대꾸해 주기도 귀찮은 이야기를 내게 늘어놨다. 그때 내 나이는 27

살이고 그 사람 나이는 나보다 약 15살 정도가 많았다. 그래서 예의상 미소와 말투를 유지하며 대화를 이어 나갔다. 1시간 정도 지났을 때의 결론은. 본인과 함께 다른 창업 아이템으로 동업하자는 이야기였다. 우리 회사가 제품을 꽤 유통하는 걸 보고 본인이 직접 한번 팔아보고(?) 싶다고 했다. 마케팅 방법과 쇼핑몰 세팅 방법 등을 내게 물어봤고 본인이 400평 정도 창고를 택배 물류센터 주변에 구할 테니 거기서 같이 유통해보자는 것이었다. 결론적으로 나는 거절했고, 그 택배사는 일방적으로 우리와의 거래를 끊었다.

〈부당거래〉라는 영화. 혹시 알고 있는가? 그 영화에 출연한 류승범 배우가 한 대사가 있다. '호의가 계속되면 그게 권리인 줄 안다.' 우리나라에 존재하는 몇 개의 메이저 택배사 중 하나였던 그 택배사를 등지고 새롭게 거래할 택배사를 찾아다녔다.

A 택배사, B 택배사, C, D, E 전부, 우리 회사에서 유통하는 제품 크기가 너무 크다, 무겁다 등으로 거래를 꺼렸다. 택배 계약의 특성상 제품이 택배 '회사'의 영향을 많이 받는 것이 아닌, 그 지역에 활동하는 택배 '기사'의 영향을 많이 받는다. 우리 회사 창고가 있는 지역에 택배기사들이 우리 제품이 무겁고, 부피가 크다고 생각하여 제품을 가져가기 꺼린 것이다. 분명 이 제품은 우리 회사 말고도 여러 회사가 유통하고 있다. 그러면 누군가는 이 제품을 유통한다는 말이다. 처음에 우리가 접근했던

방식은 '택배기사'와의 직접적인 접촉이었다면, 이번에는 방법을 다르게 '택배회사'와의 접촉으로 방법을 바꿨다.

창원에 있는 모든 택배회사 물류창고에 직접 찾아가 택배 계약을 하고 싶다고 했고 우리 회사 제품을 차에 싣고 가져가 보여주었다. 6번의 거절 끝에 한 회사에서 계약하자고 했다. 나는 처음에 '우리 회사에 탑차가 있고 제품도 직접 가져다주고 레일까지 올려다 줄 테니 제발 보내만 달라.'라고 말하려 했지만 말하기 전에 그 택배사 담당자가 우리 회사 창고에 올 택배기사와 택배차 시간을 배치해 알려주었고 물량에 따른 단가가 적혀 있는 표를 보여주었다. 우리가 한 달에 소화하는 물량을 알려주니 담당자는 이 정도 금액에 계약할 수 있다고 설명해 주었고, 그 금액은 택배 계약금만으로도 이전 계약했던 회사보다 20% 정도 저렴한 금액이었으며 심지어 우리가 보유하고 있는 차량 금액과 유지비를 합치면 30% 가까이 저렴한 금액이었다. 그렇게 우리 회사는 그 택배사와 계약을 했으며 가지고 있던 1톤 탑차를 처분했다. 모든 면에서 만족했다. 우리와 커뮤니케이션하는 택배사 직원의 업무능력부터 시작해 직접 택배를 수거해 주는 택배기사까지.

나는 처음에 두려웠다. 계약하고 있던 택배사의 일방적 계약 통보에 잘되고 있던 사업이 무너질 것 같았다. 하지만. 두렵다고 포기하거나, 가

만히 있지 않았다. 상황을 타개하기 위해 필사적으로 움직였다. 결론적으로 이전보다 훨씬 좋은 계약조건으로 계약했으며, 업무효율 또한 높아졌다.

'위기'란 '위험한 기회'다. 당신의 그릇을 키워줄 퀘스트이며 당신을 한 단계 더 성장시켜줄 디딤돌이다. 만 % 확신한다. 지금 눈앞에 있는 위기와 시련을 극복하면 당신은 더욱더 성장할 것이다. 앞으로 내가 겪을 수 많은 위기와 나를 압박하는 상황들이 있을 것이다. 하지만 난 지금까지 해 왔던 것처럼, 이 모든 위기를 극복할 수 있다고 확신할 수 있다.

니체가 말했다 '나를 죽이지 못하는 고통은 나를 더 강하게 만든다.' 당신이 지금 받는 압박과 위기는 당신을 절대 죽일 수 없다, 그렇기에 당신은 더 강해질 것이다. 그러니 생각해라. 움직여라. 타개할 방법은 반드시 존재한다.

8.

웃어라,
해결할 수 있다

당신은 어떤 집단에서 리더일 것이다. 그게 회사나 사업체일 수도 있고, 당신이 운영하는 가게일 수도 있을 것이고 어떤 동호회 모임이거나, 혹은 두 사람 간의 관계일 수도 있다. 그게 뭐든 당신을 믿고, 당신에게 의지하며 당신을 따르는 사람이 있다면 당신은 좋든 싫든 해야 하는 말이 있다.

'내가 해결할게.' 리더라면 최악의 상황에서도 '내가 해결할게.'라는 말을 할 수 있어야 한다. 당신에게 희망도, 가진 재산도, 심지어 시간마저 없을 수 있지만 당신은 '내가 해결할게.'라는 말을 할 수 있어야 한다. 그리고 그 말을 지키기 위해 밤을 새워서 생각하며 방법을 찾아야 한다. 그리고 당신은 방법을 찾을 것이다. 당신은 당신을 따르는 사람들 위에 그렇게 말할 수 있어야 한다.

모든 싸움에서 승리할 수 없을 것이고, 항상 웃을 일만 있지 않을 거다. 확신한다. 하지만, 때로는 이기지 못할 싸움이고, 감당하기 힘들 것 같은 상황이 왔다고 해도. 절대 도망가거나 주저앉으면 안 된다. 당신이 리더이기 때문이다. 당신이 이끄는 집단에 어떤 문제가 생겼을 때, 당신을 따르고 있는 사람들은 두려움에 떨고 있고 불안감을 느끼고 있을 것이다. 그러면 그들에게 웃음을 보이며 말할 수 있어야 한다. '걱정하지 마라, 내가 다 알아서 해결할게, 아무 문제없다.' 이 말을 할 수 없는 상황은 없다. 당신이 아무것도 통제할 수 없다고 느껴지는 상황이라면 더더욱 그렇게 이야기해야 한다. '걱정하지 마라, 내가 다 알아서 해결할게, 아무 문제없다.' 당신이 여기서 통제할 수 있는 건, 당신 마음가짐과 당신의 마인드뿐이기 때문이다. 세상에서 100% 통제할 수 있는 건 당신의 마음가짐과 삶에 대한 태도뿐이다. 그 외 어떤 것도 당신이 100% 통제할 수 있는 것은 없다. 당신이 100% 통제할 수 있는 것들인 마음가짐과 삶을 대하는 태도를 잘 통제한다면, 당신은 100% 통제 불가능한 것들까지 100% 가까운 수치까지 통제할 수 있게 될 것이다.

할 수 없다고 생각하면 그건 절대 할 수 없는 게 맞다 확실하다. 하지만 할 수 있다고 생각하면 그게 아무리 힘든 일이고 불가능해 보이는 일이라도 할 수 있는 '확률'이 생기는 것이고 할 수 있는 일이 되는 것이다. 그런 생각을 다시 한번 나에게 이야기해주는 말이 '내가 해결할게.'이다.

9.

당신은 지금 무엇을
기도하고 있는가

누구나 한 번쯤 들어본 적 있는 아주 흔한 말이다. '긍정적인 생각을 가지고 살아라.', '낙천적인 사고를 가져라', '희망적인 태도를 유지해라.' 베스트셀러 도서 『시크릿』이라는 책에서는 '긍정적인 생각을 하고 진심으로 바라면 우주가 당신을 도울 것'이라는 대목이 있다. 이런 말을 들을 때, 평소 비관적이거나 회의적인 성격을 가진 사람이라면 이렇게 생각할 것이다. '긍정적인 생각을 하라고? 그럼 온 우주가 돕는다고? 무슨 말도 안 되는 사이비 종교 교주가 할 법한 소리야, 그러면 올림픽에 나가는 선수 중 금메달을 따는 사람은 긍정적인 생각을 해 금메달을 딴 사람들인가? 우리나라가 월드컵에서 매번 부진한 이유는 다른 나라보다 간절히 원하지 않아서인가?' 이런 생각을 가지는 게 이상한 건 아니다.

당신에게 간단한 문제를 내 보겠다. 지금 얼룩말을 제외한 다른 동물 3 마리만 머릿속으로 떠올려라. 떠올렸는가? 내가 당신이 머릿속으로 생각한 동물 중 가장 먼저 떠올린 동물을 맞춰 보겠다. 정답은 얼룩말이다. 당신은 내가 한 질문 '얼룩말을 제외한 다른 동물 3마리'라는 질문을 보고 가장 먼저 머릿속에서 얼룩말이라는 동물을 떠올렸고 그다음 다른 동물들을 떠올렸을 것이다. 당연한 거 아니냐고? 맞다. 당연하다.

인간의 뇌는 부정어를 처리하지 못한다. 조금 더 보태자면 부정어를 가장 먼저 생각하고 메인에 둔 후 그 부정어를 가지고 나머지 생각을 세팅하게 되어 있다. 내가 방금 낸 문제만 해도 나는 얼룩말이라는 '값'을 제시했고 당신은 '얼룩말'을 먼저 머리에 고정해둔 후 얼룩말을 제외한 다른 동물을 얼룩말 주위 혹은 옆으로 떠올렸을 것이다. 다른 이야기를 해보겠다.

당신이 4개월 이내에 몸무게 10kg을 감량하지 못한다면 애인에게 이별 통보를 받는다고 가정하자. 이때 사람을 크게 세 가지 유형으로 나눌 수 있다. 첫 번째 절대 안 될 것이라 생각하며 미리 포기해 버리는 사람, 두 번째 안 될 거 같은데 그래도 해보자고 하며 실행하는 사람, 세 번째 무조건 할 수 있다고 생각하며 실행하는 사람. 당신이 생각하기에 어떤 사람이 살을 뺄 확률이 가장 높을 것 같은가? 물론 이 명제에는 설명하지 않은 부분이 너무나도 많다. 체질, 환경, 신체 호르몬 상황, 평소 식단, 운동량 등 다양한 변수가 있다. 그러므로 누가 성공적으로 10kg을 감량할 수 있을지는 모른다. 하지만 체질, 환경, 호르몬, 평소 식단 등 다양한 요소가 모두 같은 값으로 세팅되어 있다고 가정한다면? 세 번째가 살을 뺄 확률이 가장 높을 것이다.

부정적인 것에 초점이 맞춰져 있다면, 당신이 바라는 바를 이루기에 좋은 마인드 세팅은 아니다. 물론 당신이 마인드 이외 다른 다양한 측면에서 훌륭한 부분들로 가득 채워져 있다면 원하는 바를 이룰 수도 있다. 맞다. 그게 실전이고 현실이다. 월드컵에 출전하는 브라질 선수들이 어떤 마인드를 가지고 경기에 임하는지는 모르지만, 최소한 그 선수들의 피지컬 및 실력은 잘 알고 있다. 세계 최고들이다. 당신이 행하려고 하는 혹은 바라고자 하는 일은 실전이다. 그러므로 다양한 변수들이 있다 긍정적인 생각과 낙천적인 태도 투지와 열정만으로 극복하지 못할 수 있다. 하지만. 최소한 이것들이 당신을 몇 단계 더 레벨업 시켜줄 것이며, 당신에게 버프를 걸어준다는 사실은 명확하다.

긍정적인 생각, 낙천적인 태도, 투지와 열정만 있으면 된다고 하지 않겠다. 그건 사실이 아니다. 일이 계획대로 안 됐을 상황 또한 대비해야 한다. 최악의 경우를 대비해야 한다. 다시 이야기하겠다. 당신이 목표로 한 일이 계획대로 안 됐을 상황 또한 '대비'해야 한다. '생각'이 아닌 '대비'를 해라. 생각만 할 때 그건 걱정이 되는 것이고, 대비할 때 넥스트 플랜이 되는 것이다. 넥스트 플랜을 준비했다면? 그다음부터 두 번 다시 부정적인 생각, 패배할 거 같은 생각, 실패할 거 같은 생각하지 마라. 오로지 긍정적인 생각, 승리할 생각, 성공할 생각만 해라.

격투기 선수들에게 가장 이기기 쉬운 상대가 어떤 상대냐고 질문했을 때 모든 선수가 입 모아 이야기했다. '잔뜩 겁먹어 있는 사람' MMA 경기를 하는 옥타곤 위에서 자신이 패배할 거라고 스스로 단정 짓고 올라온 상대는 그저 움직이는 샌드백일 뿐이다. 부정적인 생각으로 자신의 패배를 미리 점쳐두고 싸우는 것만큼 멍청한 것도 없다. 이제 부정적인 생각 따위는 버려라. 부정적인 생각을 계속하는 것은 당신이 생각하는 부정적인 일이 일어나기를 신에게 기도하는 것과 다름없다.

10.

삶은
경험의 덩어리다

    자동차를 가지게 되면 돈을 모으지 못한다고 말한다. 출퇴근을 대중교통으로 할 수 있다면, 차를 구매하는 것은 나중으로 미루라고 이야기한다. 난 첫 차를 25세에 구매했다. 24세라는 다소 늦은 나이의 군대에서 전역한 후 1년 뒤에 차를 구매했다. 돈을 잘 벌고 있어서 차를 구매했던 건 아니었다. 그 당시 공장에서 주야간으로 일하며 돈을 벌고 있었다. 그리고 자취를 했었기 때문에 차를 구매한 것과 별개로 원래부터 고정지출이 꽤 있었다. 특별한 이유는 없었다. 그냥 차를 사고 싶었다. 16년식 쏘나타 하이브리드가 첫 차였다. 중고로 1,400만 원 주고 구매했던 첫 차였다. 차를 구매하고 어른들의 말처럼 정말로 돈이 빠져나갈 곳이 많았다. 기름값, 자동차세, 세차비, 자동차 점검비, 소모품 비용 등 다양한 이유로 지출되었다. 차를 구매하고 다양한 곳을 여행했다. 저녁에 집에 혼자 있다가 바다가 보고 싶어서 부산에 가기도 했고, 친구를 보러 대구에 가기도 했다.

차를 구매하기 전까지 내 인생은 109번, 212번, 113번, 710번, 715번 버스노선으로 한정되었다. 항상 같은 버스정류장에서 같은 버스를 탔다. 109번 버스노선이 아닌 곳은 내가 가는 곳이 아니었다. 차가 없는 사람들은 아무 데도 못 가냐고 이야기하는 사람들이 있을 것이다. 물론 아니다. 버스, 기차, 지하철, 택시를 타고 갈 수도 있다. 하지만 본인 차로 이동하는 것만큼 빠르고, 간편하고, 원하는 어디든 갈 수 있지는 않을 것이다.

차를 구매한 후 내 인생은 109번, 212번, 113번, 710번, 714번 버스노선에서 머물지 않았다. 운전 중, 새로운 생각을 하게 되었다. 운전하고 도착한 목적지에서 새로운 것을 봤고, 그곳에서 새로운 경험을 했다. 내가 가고 싶었고, 생각나는 어디든 가봤다. 대구, 부산, 서울, 정말 다 돌아다녔다. 게으른 내 성격상 차가 없으면 갈 엄두를 못 냈던 곳들까지 전부 다 가봤다. 많은 것을 보고, 경험했으며, 생각하게 되었다. 비싼 차, 고급 차, 외제차를 사라는 말이 아니다. 차가 도로 위에서 굴러가는 데 문제가 없으며, 당신이 혹여나 사고가 났을 때 시체 정도는 건질 수 있을 만한 내구력을 가진 차. 그 정도면 됐다(다시 생각해 보니 시체를 건지는 것보다 기왕이면 당신을 안전하게 보호해 줄 수 있는 차가 좋은 거 같다). 그런 차 한 대면, 사랑하는 사람과 함께 갑작스럽게 여행을 떠날 수도 있을 것이며, 친구들과 함께 버스 노선, 지하철 노선이 닿지 않는 곳으로 떠날 수도 있을 것이다. 그리고 버스 노선, 지하철 노선이 닿는 역에서 만나는 사람들이 당신 인생의 전부도 아닐 것이다.

20대 경제활동을 시작하고 열심히 저축해서 모으는 것도 좋지만, 자유롭게 세상을 보고 경험하는 경험치가 미래에 더 큰 가치가 되지 않을까. 여행을 가는 것과 같은 맥락인 것 같다. 3개월 동안 열심히 올리브영 아르바이트해서 모은 돈으로 유럽행을 떠나는 것, 7개월 열심히 공장에서 아르바이트해서 모은 돈으로 세계여행을 떠나는 것, 많은 것을 경험하고 보고 듣고 느끼는 것. 그게, 20대 때 악착같이 모을 수 있는 돈보다 큰 가치가 아닐까. 물론 모든 사람에게 통용되는 이야기는 절대 아니다. 사람마다 처한 상황과 짊어지고 있는 무게와 삶의 색깔 그리고 추구하는 방향이 다르기 때문이다. 하지만 이 모든 것을 고려해 본다면 차를 구매하는 것도 차를 구매하는 것도 나쁘지 않다고 생각한다. 지금 당신의 삶에서 그려져 있는 버스 노선은 몇 개인가. 인생은 영원하지 않다 삶이란 건 우리가 경험할 수 있는 짧은 시간일 뿐이다. 당신이 더 많은 것을 경험했을수록 그리고 그 경험에 대한 역치가 쌓일수록 새로운 것을 경험하고 도전하는 것이 아무것도 아닌 일이라는 것을 알게 된다. 삶을 경험해라. 모험해라.

11.

꿈이 아닌
야망을 가져라

이 글을 보고 있는 당신은 꿈을 가지고 있는가. 야망을 가지고 있는가. 사람들은 보통 이렇게 질문한다 '꿈이 뭐예요?' 사람들은 보통 이렇게 이야기한다. '제 꿈은요.' 야망이라는 단어를 입 밖으로 내뱉는 게 부끄럽기에 꿈이라는 단어를 입 밖으로 내뱉는 거면 그럴 수 있다고 생각한다. 하지만 입 밖으로 '제 꿈은요.'라고 하되 속으로는 '제 야망은'이라고 말해라.

난 꿈이 없다, 야망이 있다. 이 글에서 이야기하진 않겠다. 그럼 물을 수 있다. '꿈과 야망의 차이가 뭔데?' 꿈은 그냥 꾸기만 해도 행복하고 상상만 해도 즐겁다. 가지고 있는 자체로 희망차고 행복하다. 하지만 야망은 다르다. 야망을 가지고만 있으면 답답하고 화가 나고 이루지 못하면 분해서 죽을 것 같다. 무조건 이뤄야 한다. 그래서 생각만 할 수 없다. 움직이게 만든다. 실행하게 만들고 이루기 위해 노력하게 만든다. 야망을 꿈이라고 적어도 좋고 말해도 좋다, 하지만 당신 속으로는 꿈 말고 야망을 가져라.

꿈은 핑계를 만들 수 있다. 아무것도 이룬 것 없으며, 아무것도 안 하고 누워서 뉴스에 나오는 정치인 욕이나 할 줄 아는 아저씨도 '내가 왕년에는…', '내 꿈이 원래 뭐였는데 뭐 때문에 포기했다.'라고 웃으면서 이야기한다. 하지만 야망을 가진 사람들은 그런 이야기하지 않는다. 아직 이루지 못했다면 이루기 위해 노력하는 중이고, 도전하는 중이며, 실행 중이기 때문이다. 세상에 어떤 변명 같은 것도 통하지 않는 게 야망이다. 이루지 못했다면 아무 말하지 않는다. 그래서 야망을 가진 사람 중에 벌벌 떨 줄만 아는 겁 많은 겁쟁이들은 아무도 없다. 그것을 이루기 위해 움직이고 행동한다. 결과를 바라본다. 단어 자체도 아름답다. 종이에 '야망'이란 단어를 한번 적어 보면 내가 이 단어를 아름답다고 말 한 이유를 알 수 있다. 위대하고 가치로운 삶을 살기 위해 우리는 야망을 가슴속에 품고 그것을 이루기 위해 도전하며 경쟁하고 쟁취하자.(세이노 선생님은 야망을 가지지 마라고 하셨던 거 같다.)

12.

고통은
성장이라는 답을 준다

20대를 보내면서 나에게 가장 힘들었던 순간과 시간이 언제인가 생각해 본다면, 만나고 있던 여자친구와 이별했던 때인 거 같다.

처음엔 헤어졌다는 사실을 부정했다. 모든 헤어진 연인들이 하는 말. '우리가 어떻게 헤어지냐?' 그다음엔 나를 떠나간 사실에 분노했다. '어떻게 날 떠나갈 수 있나!' 그 다음엔 설득하며 타협하려 했다. '내가 더 잘할게.' 그리고 아무것도 바뀌는 게 없다고 느끼고, 상실감과 깊은 우울감에 빠졌었다. 좀 더 후엔 모든 걸 수용하고 받아들이게 되었다. 저 당시나는 항상 물에 젖은 생쥐 같은 모습이었다. 무기력했다. 나는 덫에 걸렸고, 발목을 자를 수 있는 도끼가 있었지만 두려워서 발목을 자르지 못했다. 덫에서 그냥 죽어가길 기다리고 있었던 거 같다. 침대에서 일어나지 않았고 어두운 방문을 닫아놓고 있었다.

문득 이런 생각이 났다. '내가 운동을 얼마나 안 간 거지?' 그 자리에서 일어나 차 시동을 걸고 운동을 하러 갔다. 잡생각이 들고 운동을 할 기분, 컨디션이 아니었지만, 그냥 했다. 그렇게 하루 이틀 일주일 운동을 가다 보니 운동할 때만큼은 힘든 생각이 안 나는 날이 늘어나기 시작했다. 그렇게 고통을 이겨내는 하나의 방법을 찾았다. 그 날 이후로 나는 미친 듯이 운동에 집중했고, 운동 외에도 집중할 수 있는 일을 찾아다녔다. 거짓말 같다고 생각할 수 있다. 하지만 사실이다. 어떤 것에 정말 집중하고 몰두해본 경험이 있는 사람이라면 알 것이다. 집중하는 그 순간은 정말 아무 생각이 들지 않고 거기에 몰두하게 된다. 집중하고 몰두할 수 있는 일을 많이 찾았고, 집중하고 몰두할 수 있는 시간을 늘렸다. 누군가 반문할 수 있다. '그건 도망치는 거 아니야?' 도망치는 게 아니다. 더 나은 내 모습이 되기 위해 할 수 있는 최선을 다하고 그것에 집중하는 것이다.

당신에게 힘든 상황이 왔고 그 고통을 이겨내기 위해 술, 마약, 섹스 등에 의존한다면 그 행동은 이겨내기 위함이 아닌 '회피'하는 것 도망치는 것이다. 노력 없는 쾌락과 순간적인 쾌락에 빠지는 것은 내가 이야기하는 집중과 몰두와는 전혀 다른 이야기이다. 당신을 최상의 상태를 만들 수 있는, 혹은 한 단계 레벨업시킬 수 있는 일을 찾아 그 일에 몰두하고 집중해라. 결과적으로 그 상황은 당신을 성장시킨다.

고통은 사람은 성장시킨다. 스트레스는 인간을 너 강하고 단단하게 만들어 준다. 어떤 이별이든, 애정을 쏟았던 관계와 이별은 사람을 더 성숙하게 만든다. 연인과의 이별이든 부모와의 이별이든 말이다. 이별하는 그 순간만큼은 그 어떤 조언도 귀에 들어오지 않고, 자기 삶에 대한 간절한 마음과 삶의 집중력이 흐려진다. 우리는 이 과정에서 한 단계 더 성장하고 단단해진다. 내 삶에서 가장 소중한 누군가를 보내주는 것, 사랑하는 사람을 다시는 못 본다고 생각하는 것, 쉽지 않다. 나 또한 이 말을 전하는 과정에서 내가 느꼈던 감정들을 간단한 말들로 정리했지만, 그 과정은 고통의 연속이었다. 당신 또한 그럴 것이다. 부정할 수 없는 사실이다.

하지만 내가 그때 내가 이별하지 않았다면, 고통을 이겨내는 '집중과 몰입'이라는 방법을 아직 모르고 있을 수 있다. 그때의 고통이 나에게 '집중과 몰입'이라는 방법을 알려줬고 그때 했던 '집중과 몰입'이 내가 더 나은 사람이 되도록 나를 성장시켰다. 과정이 그렇게 유쾌하지 않을지라도 우리는 훈련해야 하며, 고통이 좋든 싫든 순응하며 이것을 온전히 받아들여야 한다. 고통은 곧 성장이다, 극단적 고통에도 좌절하지 말고 깊은 땅속에 새싹이 자라나고 있음을 느끼자.

"조금도 위험을 감수하지 않는 것이
인생에서 가장 위험한 일일 것이라 믿는다."

- 오프라 윈프리

Chapter 5.

NO PRICE NO GREATNESS

당신이 생각하는
성공의 값은 얼마인가

1.

성공을 파는 사람들

알코올 중독, 인스타그램 중독, 포르노 중독, 쇼핑 중독 이런 중독을 유발하는 것들의 특징은 일시적으로 우리 뇌에서 강력한 도파민을 뿜어내게 하는 것들이다. 그래서 우리는 이런 것들을 할 때는 기분이 좋고 높은 만족감을 느낀다, 하지만 저 행동이 끝나고 나면 저것들 외의 다른 모든 것들이 지루하고, 따분하며 심지어 공허하기까지 하다. 내가 방금 나열한 것 이외에도 세상에는 중독을 유발하는 것들이 많이 있지만 그중에서 우리가 경계해야 할 것 중 하나를 소개해 보겠다. 바로 '자기계발서, 동기부여 중독'이다. 지금까지 자기계발을 하라고 하던 사람이 지금 무슨 소리냐고 반문할 수 있다. 맞다, 자기계발을 해야 한다, 배우고, 경험하며 성장해야 한다.

가끔 유튜브나 인스타그램을 보면 '동기부여 영상'을 볼 수 있을 것이다. 조금 더 나아가 유튜브에서 무료로 볼 수 있는 영상이 아닌 돈을 결제하고 봐야 하는 영상들도 있다. 이 영상들이 하는 말은 사람들을 흥분시키고, 실행시키게 만든다. 그럼 좋은 것 아니냐고? 그 영상을 보고, 그 흥분되는 기분으로 뭔가를 하고, 그 행위를 지속하면 좋은 게 맞다. 하지만 모든 것은 항상성의 법칙에 의해 원래대로 돌아가려는 성질을 보인다. 당신이 침대에 누워서 5분 남짓한 동기부여 영상을 시청하고 흥분된 마음으로 공부하거나, 헬스장에 가도 오래 지속되지 못한다. 왜냐면 도파민은 일시적이기 때문이다. 당신이 그 영상 '시청'으로 인해서 움직였다면 그 영상이 당신 머릿속에서 사라질 때쯤, 당신의 움직임도 멈추고 원래 삶을 살아갈 것이다. 그리고 또 인스타그램을 보다 생각할 것이다. '며칠만 이렇게 좀 있다가, 다시 동기부여 영상 보고, 마음 잡고 열심히 해야지.' 동기부여 영상이 오히려 '나중에' 할 동기를 만들어 준 꼴이 되는 것이다. 당신이 유튜브에서 무료로 5분 남짓한 동기부여 영상을 보든, 유로 결제 사이트에서 몇십만 원씩 주고 보던 당신이 진정으로 그 사람들 덕에 동기를 얻고 바뀔 수 있다면 10만 원을 결제하든 59만 원을 결제하든 아깝지 않다, 하지만 행동하지 않고 퍼질러져 있다가, 나중에 59만 원짜리 강연 혹은 영상을 볼 계획이라면, 차라리 그 돈으로 치킨이나 사 먹어라.

이와 비슷한 장르로 '자기계발서'만 읽는 사람들이다. 교보문고 혹은 알라딘에 가면, 자기계발서 코너가 따로 있다, 한 달에도 수십 권의 책들이 새로 나오며, 다양한 사람이 쓴 자기계발서가 등장한다. '자기계발서' 중독자들은 그 코너를 제집처럼 드나들며 '새로 나온 자기계발서 없나?' 하고 기웃거린다. 이미 그 사람이 읽은 자기계발서는 수십 권이 넘지만 그래도 또 읽는다, 그 사람들은 자기계발서를 읽는다는 행위에 이미 만족감을 느끼고, 자기계발서를 쓴 작가들의 파이팅 있는 에너지를 느꼈으니 본인은 '언제나' 스탠바이 상태라고 '착각'한다. 시작만 하면 된다는 생각을 하고 있다. 그리고 시작은 하지 않고 자기계발서만 읽는다. 이런 부류의 서적을 몇 권 읽어보고, 조금이라도 통찰을 가진 사람들은 다 알겠지만 모든 자기계발서가 시사하는 바는 결론적으로 똑같다. 그냥 그 큰 맥락을 어떻게 풀어가냐, 어떤 비유를 드느냐, 자기는 어떤 경험을 했냐가 바뀔 뿐이다.

내가 이 책을 시작할 때, 책을 어느 정도 읽어본 사람들은 이 책을 읽어볼 필요가 없다고 이야기한 것도 이런 이유이다. 자기계발서를 몇 권 읽고 삶 전반에 대한 지도를 봤으면, 이제는 자신이 해야 할 본질에 집중해야 한다. 영업직에서 일을 한다면 심리학 서적, 언어의 기술 서적, 대화의 기술 서적, 협상을 알려주는 서적 등 이런 부류의 책을 봐야 할 것이고, 일반적인 회사에서 근무한다면 당신의 업무능력을 디벨롭시켜줄 책을 사서 읽어야 한다. 그게 진짜 자기계발이다. '동기부여 중독', '자기계발서 중독'이 '알코올 중독', '인스타그램 중독', '쇼핑 중독'들과 같은 선상에 놓는 것이 타당하지 않다고 생각하는 사람들도 있겠지만, 다르지 않다. 오히려 동기부여를 파는 동기부여가 들은 더 치밀하고 악랄하기까지하다.

인스타그램에 들어가 릴스를 내리다 보면 프로필 사진은 빨강, 파랑, 노랑, 초록 등 단색 배경지를 깔아놓은 사진과, 프로필 문구로는 '디지털 노마드', '무자본 창업', '마인드셋' 등의 문구들이 적혀 있고 '20대에 10억모은 비결, 20대 사업가가 가져야 할 맨탈 케어 일곱 가지, 성공하기 위해 꼭 알아야 할 다섯 가지! 더 자세한 내용은 아래 캡션을 확인하세요!' 이런류의 릴스 본 적 있을 것이다. 이들은 본인을 동기부여가, 초보 사업가의 멘토, 마인드 케어 크리에이터라고 칭한다. 그리고 본인이 판매하는 전자책 링크를 프로필 사진 아래 걸어놓는다. 본인을 동기부여가라고 칭하는 사람들의 직업은 무엇인가? 남들에게 동기부여 강연을 하고 받는 강연료가 그가 돈을 버는 방법인가? 동기부여 강사들은 어떤 것을 이룬 사람들이기에 본인의 성공 레퍼토리를 팔며 본인처럼 하면 잘될 수가 있다고 이야기하는가? 그들은 의사가 된 적 없지만, 의사가 되고 싶은 사람들에게 의사가 되는 마인드셋을 알려준다, 그들은 사업으로 수십억, 수백억을 벌어본 적 없지만, 수십억 수백억을 벌고 싶은 사업가들에게 조언해준다. 기가 찰 노릇이다.

나 또한 자기계발서를 읽는다. 하지만 내가 읽는 자기계발서와 성공 서적들은 정말로 성공한 사람들과 존경할 만한 사람들이 쓴 책들이다. 그 책을 쓰고 유명해져서 성공한 사람들의 책은 읽지 않는다. 요즘 유튜브나 인스타그램을 보면 본인 돈 잘 번다고 자랑하는 사짜들이 판을 친다. 월 3천만 원 버는 대단한 양반부터 월 1억 번다는 사람까지, 이 사람들의 레퍼토리는 전부 똑같다. 원래 지독하게 가난했다, 반지하 방에 살았다, 빚이 몇 억 있었다, 지금은 월 몇천 만 원을 번다.

본인이 돈 잘 번다고 광고하는 사람들의 과반수 이상은 사기꾼이다. 이 부분은 확실하게 단정을 지을 수 있다. 그 사람들이 번다는 월 3천에서 1억 원, 디테일하게 계좌인증부터 세금 신고 내역, 입금 내역 추적까지 확실하게 한 사람 있는가? 그런 내역을 최소한 1년 치 이상 인증했으면 부자인지는 몰라도 고소득자는 확실하다.(다시 생각해보니 이 부분도 조작할 수 있는 방법이 너무 많고, 또 쉽다. 사기치려고 작정한 사람이 이까짓 꺼 안 할까라는 생각이 든다.) 하지만 유튜브에서 순진한 사람들에게 강의, 전자책, 본인 프랜차이즈 가맹점이나 팔아먹는 사람들이 그런 인증을 할 수 있을까?

최근의 유튜브에서 출판사 대표라는 사람이 '몸 쓰는 일로 돈을 버는 세상은 끝났다.', '아직 몸 쓰면서 돈을 벌려고 하는가?', '언제까지 땀을 흘려 일하려 하는가?', '언제까지 적금 모을 거냐?'라며 노동의 가치를 비하하고 폄하하며 성실히 일하고 있는 사람들을 조롱하며 기만했다. 역겨워서 토악질이 나온다. 길에서 만난다면 면상에 주먹을 꽂아주고 싶을 정도다. 물론 그 사람은 책을 홍보하려고 일부러 자극적인 말들을 담은 영상을 찍었을 것이다.(노이즈 마케팅) 하지만 아무리 책을 팔아먹고 싶어서 환장을 했다고 해도, 과연 본인 따위가 신성한 노동의 가치를 폄하할 자격이나 될까.

성공한 사람인 척, 돈을 많이 번 사람인 척하는 사람들이 너무 많다. 나는 저 출판사 대표가 쓴 책을 읽어봤다. 염소 밥으로 줄 수 있는 퀄리티도 못 되는 책이었다. 아니 염소 밥이 아닌, 그 책을 인쇄한다고 사용된 나무에게 미안한 감정마저 들었다. 책의 수준이 낮은 건 문제가 되지 않는다, 이 책 또한 별반 다르지 않을 수 있다. 하지만 문제가 되는 건, 마케팅 방식이다. 저급한 수준을 넘어 토악질 나오는 표현, 찍어내기 식의 가짜 추종자들까지. 모든 것에는 용인되는 수준과 정도가 있다. 그 선을 넘는 순간 마케팅, 트레쉬토크라는 이름으로 포장해 줄 수 없다. 자본주의 시장에서 강의를 팔거나 프랜차이즈 가맹점의 홍보를 하는 건 나쁜 게 아니다. 하지만 이렇게 본인을 홍보하는 사람들의 99%는 아직 돈이 없으면서 돈이 있는 프랜차이즈가 장사가 미친 듯이 잘 되는 척하며 순진한 사람들을 끌어모은다는 것이다. 그렇게 돈이 많고 사업으로 이미 몇십 억 부를 축적했으면 역겨운 방법의 마케팅을 해서 사람들을 끌어들일 필요가 있을까. 여유로운 척하지만 사실 책, 강의, 유튜브 조회 수에 벌벌 떠는 모습이 눈에 보인다.

위대한 사람만이 책을 쓰는 것이 아니며 누구나 책을 쓸 수 있지만, 그 책을 쓴 저자가 본인을 포장하며 순진한 사람들을 낚기 위해 쓴 책은 가짜라고 생각한다. 당신과 나는 성공한 척 자신의 성공담을 팔려고 하는 사람을 잘 걸러내야 한다. 이들은 성공을 갈망하는 결핍을 이용해 장사하는 사람들이다. 겉으로는 듣기 좋은 말과, 동기를 유발하는 말들로 당신의 영혼과 육체를 깨워주는 것 같지만. 사실은 당신에게 '성공'이라는 이름의 허상을 파는 것일 뿐이다. 이런 것들을 경계하고 본인에게 필요한 진짜 자기계발을 해라.

2.

월 천만 원 버는 방법

인스타그램 혹은 유튜브 영상 중에 부업으로 돈 버는 방법 강의를 하는 사람들이 있다. 이 사람들의 특징은 월 천만 원 버는 방법이라는 말을 입에 달고 살며, 월 300만 원, 월 500만 원을 부업으로 버는 방법 또한 본인에게 몇 달을 배우면 벌 수 있다고 한다. 이 정도 금액을 벌지 못하면 100% 환불을 해 준다고까지 이야기한다. 월 1천이면 세금을 다 떼도 연봉 1억이다.

한 달에 300만 원, 500만 원, 물론 천만 원 벌 수 있다. 그렇게 버는 사람이 엄청나게 대단한 사람이 아니며, 절대로 만질 수 없다고 생각하는 금액도 아니지 않은가? 그러니까 그런 광고에 현혹되는 것이다. 만약 내가 당신에게 월 40억 버는 방법을 알려주겠다고 하면 당신이 믿기나 할 건가? 생각을 한번 짚어볼 필요가 있다.

월 300만 원이라면, 당신 사지가 멀쩡하면, 몸 쓰는 일을 해서도 가능하다, 월 500도 마찬가지다, 가능하다. 월 1천만 원? 여기서부턴 솔직하게 다 가능하다고 하긴 힘들 것 같다. 이때부터는 투입되는 노동의 양보다는 그 노동력의 질이 중요해지는 단계가 아닐까, 하고 생각한다.

25살에 고등학교 졸업장만 있는 사람도, 공장에서 주야간으로 일하고, 남은 시간 대리운전을 하고 배달 아르바이트를 하면 500만 원 가능하다. 하지만 월 1천만 원을 이렇게 해서 벌기는 좀 힘들 것 같다. 아니 설령 가능하다고 해도 그렇게까지는 안 할 거 아닌가? 신체적으로 크게 힘들지 않으며, 진입장벽 또한 낮고, 이 일을 하기 위해 투입되는 시간까지 적다. 심지어 몇십 만 원 정도의 수강료를 내면 알려준다. 머릿속에서 창의적인 욕들이 많이 떠오른다. 하지만 쓰지는 않겠다.

당신과 내가 아는 상식과, 세상이 돌아가는, 그리고 자본사회가 돌아가는 원리를 한번 생각해 보자. 만약 내가 정말 누구나 쉽게, 월 천만 원 버는 그런 일을 알고 있다고 가정하자. 근데 그걸 내가 몇십 만 원 언저리 돈을 받고 알려줄 거 같은가? 내가 만약 당신에게, 당신 통장에 있는 잔고에 1억 원을 내가 가지고 있는 100만 원과 바꾸자고 하면 바꿀 것인가? 정말 쉽게 한 달에 1천만 원 누구나 버는 방법이 있다고 해도, 그걸 여러 사람에게 공유하고 누구나 할 수 있게 되는 순간 그 일은 더 이상 월 천만 원을 벌 수 없는 일이 될 것이다. 다이아몬드가 비싼 이유는 그 다이아몬드가 시장에 많이 풀리지 않았기 때문이다. 도로 위의 아스팔트가 전부 다이아몬드면 다이아몬드가 비싸겠는가. 여성들이 결혼 반지로 다이아몬드 반지를 원하겠는가? 물량이 조절되어야 가치가 조절되는 것이다. 월 천만 원 버는 일을 누구나 알게 된다면, 그 일이 어떻게 월 천만 원 벌 수 있는 일이 되겠는가. 우리나라가 베네수엘라처럼 화폐를 미친 듯이 찍어내고, 그 천만 원이 지금 천만 원의 가치가 아니라면 가능할지는 모르겠다.

한 달에 천만 원을 벌고 있다는 소리는, 돌려 말해 그 사람은 남들이 하기 어려운 일 혹은 '진입장벽'이 높은 일, 혹은 남들이 잘 모르는 일을 한다는 소리다. 그 사람들이 돈을 버는 방법은, 돈 쉽게 버는 방법을 돈 주고 사는 사람들에게 팔아서 돈을 버는 것이다. 만약 누군가 당신에게 부업으로 월 1천만 원을 버는 방법을 진짜로 알려준다고 하자. 그러면 그 1천만 원 버는 부업은 파는 사람이 봤을 때, 그 일의 시장 가치가 떨어지고 있고, 시장이 죽어간다는 소리다. 그러니까 당신에게 헐값을 받고서 던질 수 있는 것이다. 달러가 반 토막 나고 있는 상황에 누군가 나한테 은행 환율보다 높게 처준다고 말하면 안 팔겠는가? 당연히 판다. 근데

달러 가치가 미친 듯 오르고 있는데 그걸 국제 환율 반의반 값에 살 테니 팔라고 하면 팔겠는가? 제발 아니라고 말해라.

다시 한번 이야기하겠다. 첫 번째, 당신이 몇십 만 원 혹은 몇백 만 원 주고 알 수 있는 돈 버는 방법 따윈 없다. 몇십 만 원, 몇백 만 원 주고 기술을 배울 수 있는 학원에 가라. 코딩이든 미용이든 용접이든 뭐든,(내가 언급한 이 세 가지 일은 기술직 중에 실력만 된다면 연봉 1억 이상을 버는 일들이다.) 하지만 이걸 배웠다고 해서 당신이 월에 몇천 벌 수 있는지 없는지는 아무도 모른다. 두 번째, 누군가 월 천만 원 버는 방법을 당신에게 500 받고 정말로 알려준다면 그 시장은 박살 나는 중이다. 전문 용어로 던지기라고 한다. 유튜브, 인스타그램에서 스마트 스토어 무자본 창업, 워드프레스 블로그, 티스토리 블로그, 해외 구매대행 어쩌고 강의하는 사람들 대부분은 이들이 강의하는 일로 본인은 큰 수익을 내지 못한다. 그렇기에 순진한 호구들 잡아서 강의를 팔려고 하는 것이다. 물론 이런 강의를 하는 사람 전부가 사짜라는 이야기는 아니다. 하지만, 사짜들이 가장 많이 몰려 있는 강의를 예시로 든 것이니 오해하지 않길 바란다. 월 천만 원, 월 2천만 원 벌고 싶은가. 경제적인 자유를 얻고 재정적 성공을 이루고 싶은가? 그렇다면, 이런 강의에 현혹되지 말고 당신의 가치를 키워서 소득을 늘려라. 싸구려에 현혹되지 마라. 값싼 위대함은 없다.

3.

답은 행동뿐이다

암울한 상황을 타개할 수 있는 단 한 가지 방법은 행동하는 것뿐이다. 행동을 끌어내는 방법은 긍정적인 생각이다, 긍정적인 생각을 끌어낼 수 있는 것은 믿음이다. 난 스스로가 위대한 사람이 될 수 있다고 굳게 믿는다. 그 믿음이 긍정적인 생각을 만들었고 내 생각이 행동을 이끌었고, 행동이 내 상황을 개선시켰다. 내가 했던 모든 행동이 나를 긍정적인 상황으로만 만들었던 것만은 아니다, 분명 좌절감과 우울감을 줬던 적 또한 많다. 하지만 내게 성취감과 승리감을 줬던 것들도 내 행동들이었다.

몇 년 전 처음 국가지원사업에 지원해 사업계획서를 썼던 때가 기억난다. 국가에서 창업지원금으로 2천만 원 정도를 지원해 주는 사업이었다.

한 달 정도 열심히 준비했다. 사업계획서를 한 번도 써보지 않았기에 유튜브를 통해 강의도 보고, 혼자 이것저것 찾아보면서 사업계획서를 쓰고 제출했다. 결과는 서류탈락. 며칠 뒤 다른 지원사업에 사업계획서를 제출했다. 서류탈락. 그렇게 1년 정도 되는 기간 동안 정부와 지자체에서 주관하는 사업 10개 이상 그리고 민간기업에서 주관하는 사업 10개 이상 총 20개에서 30개 정도 되는 지원사업에 전부 서류탈락을 했다. 그래도 행동을 멈추지 않았다. 내가 지원할 수 있는 사업에는 계속해서 지원했다. 얼마 뒤 경남창조경제혁신센터에서 주관하는 지원사업에 서류평가를 통과했다는 문자를 받았고, 정말 뛸 듯이 기뻤다. 그리고 정확히 이틀 뒤에는 창원시에서 주관하는 지원사업에 서류평가를 통과했다는 문자를 받았다. 결과적으로 발표평가에서 둘 다 떨어졌다. 하지만 그때 느꼈다. '되겠구나.'

난 믿었다, 내가 할 수 있다고, 그 믿음이 긍정적인 생각을 불러일으켰고, 내 긍정적인 생각이 수십 번 서류평가에서 떨어지더라도 다시 행동할 수 있게끔 했다. 내가 만약 몇 년 전 지원사업에 몇 번 떨어지고 나서 '난 서류에는 소질이 없구나, 그냥 지원사업은 포기해야겠다.'라고 생각하며 다시금 행동하지 않았다면 지금 하는 지원사업들도 없었을 것이다.

우린 행동해야 한다. 긍정적으로 생각하고 자신을 믿어야 한다. 조금 더 자신을 믿고 행동하자. 행동이 항상 좋은 결과를 가져다주진 않지만,

행동이 없는 좋은 결과란 존재할 수 없다. 실패 속에서 배우고 그 배움을 통해 성장하자. 실패가 아니다 시련이다. 나를 구해줄 수 있는 건 행동뿐이다. 사무실에 앉아서 '왜 거래처가 안 생기지. 광고했는데 왜 아무 연락이 없을까?' 그렇게 생각할 수 있다. 사무실 밖으로 나가라, 문을 두드리고, 움직여라. 아무것도 하지 않으면 아무 일도 일어나지 않는다. 당신이 영업사원이라면 한 사람이라도 더 만나서 당신의 제품 혹은 서비스를 알려야 한다. 잘되지 않는 날이 더 많을 수 있다. 하지만 그럼에도 불구하고 행동해야 한다, 그래야 당신이 영업에 성과를 낼 수 있을 것이다. 어제 안 됐다고 해서 오늘도 안 되는 것이 아니다. 어제 하나도 못 팔았다고 해서 오늘도 하나도 못 팔 거라고 생각하고 아무 행동하지 않으면 정말 하나도 못 팔게 될 것이다. 어제는 비록 하나도 못 팔았지만, 오늘은 팔 수 있다고 생각하면서 행동해라. 당신을 성공으로 이끄는 것은 오로지 당신의 행동뿐이다.

4.

생각만을 위한
시간을 가져라

일주일에 한 번 서너 시간 정도, 나는 생각만을 위한 시간을 가진다. 담배 세 갑과 커피 한 잔을 들고 작업실에 들어간다. 그리고 서너 시간 동안 담배를 계속해서 태우며 생각한다. 앞으로 내 삶이 나아가야 할 방향과 지나온 일들을 되짚어본다.

커피와 담배는 좋은 각성제이다. 건강에 대해 논하지는 않겠다. 글을 적으면서 생각할 때도 있고, 그냥 벽을 바라보며 생각할 때도 있다. 몇 개의 키워드를 적어놓고 거기에 집중하고 거기에 대해서만 생각한다. 나는 이것을 일종의 수련이라고 생각한다. 유쾌한 시간은 아니다. 머리가 아프기도 하고, 표정이 일그러지기도 한다. 하지만 이것을 빼먹지 않는다. 일상에서 집중하지 못했던 것들을, 특별한 시간을 정해놓고 그것에 집중하는 그것만으로 의미가 있다. 물론 일상생활을 하는 도중에도 샤워할 때, 침대에 누웠을 때, 술을 마실 때, 운전할 때도 생각한다. 하지만 그것들과는 별개의 시간이다. 이 시간에는 핸드폰은 밖에 두고 타이머와 담배 세 갑, 커피 한 잔만 가지고 생각한다. 정해놓은 키워드를 끝까지 생각할 때도 있고, 그 키워드에서 파생된 생각들을 기차처럼 이어가기도 한다. 혼잣말하기도 하고 누군가와 대화하는 것처럼 표정을 짓고 말로 내뱉기도 한다. 그 누구의 방해를 받아서도 안 된다.

당신도 이런 시간을 가졌으면 한다. 전에 보이지 않았던 것들이 눈앞에 그려질 것이고 말로 하면서 확신할 것이다. 고민하고 생각만 한다고 해서 풀리지 않았던 일들이 풀리는 것은 아니다, 하지만 고민과, 생각 자기 자신과의 대화와 하느님께 드리는 기도는 성장에 있어 필수적 요소이다. 당신이 불교 신자면 부처님과 대화하기 위해 노력할 것이다.

생각하는 시간을 통해 얻은 것들을 당신의 일과 삶에 적용해라. 오늘 이런 시간을 가졌다면, 할 수 있는 것들을 실행해라. 내면을 수양하는 시간을 가져라. 영적인 어떤 것을 추구해도 좋고, 당신이 신을 믿지 않으며 종교도 없다면 계속해서 자신과 대화하고 생각해라. 끝까지 생각하라고 계속해서 생각의 생각을 물고 되돌아보고 설계해라. 하지만 부정적인 감정이 들 때는 멈춰라. 소리를 질러서라도 멈추고 아니면, 의자에 일어나서 점프하던 팔굽혀펴기라도 해라. 부정적인 마음과 생각은 당신 감정을 파도처럼 흔들고 맹인처럼 앞을 못 보게 할 뿐더러 창의적인 사고와 당신의 상상력과 당신이 할 수 있는 것을 못 하게 방해하고 심지어 당신의 에너지와 생명력까지 뺏는다.

스스로 할 수 있다는 확신을 해라, 그리고 다시 생각에 잠겨라, 자신을 객관화해라. 지난 실책을 돌이켜 보고 분석해라, 그러면서도 그것에 매몰되지 말고 자신을 패배자라고 생각하지 마라. 나폴레옹도, 칭기즈칸도, 전투에서 패한 적은 있다. 그렇게 생각해라. 당신이 패배했던 건 전투일 뿐이었다. 전투에서 패하더라도 전쟁에서 승리하면 그게 승자이다. 당신 주량을 내가 알지는 못하지만, 소주 한 병정도 마시면서 생각해도 좋고, 위스키를 마셔도 좋고 맥주를 마시면서 생각해도 좋다, 하지만 혼자 있어라, 혼자서 대화하고 혼자서 생각해라. 이런 시간을 일주일에 한 번 혹은 2주일에 한 번 너무 바쁘다면 한 달에 한 번이라도 가지길 바란다. 이런 시간이 모여 더 나은 생각의 밑거름이 되기 때문에 우린 생각해야 한다.

5.

고통이 없는 곳은
낙원이 아니다

무엇을 위해서 살아가냐고 질문한다면 뭐라고 대답할 것인가? 철학자가 아닌 대부분의 사람은 몇 초 망설이다가 '음 아마 행복하기 위해 사는 것 아닐까요?'라고 대답할 것이다. '전 대통령이 되기 위해 살아갑니다.' 혹은 '지구에서 제일 부자가 되기 위해 살아갑니다.'라고 말하는 사람은 잘 없을 것이다. 우리는 행복을 위해서 살아간다. 큰 행복이든 작은 행복이든 그게 어떤 식의 행복이든 행복이란 가치를 위해 살아간다. 일 년에 한 번 여행을 가는 20대도 그 여행이 행복이고, 연인들끼리의 사랑하는 것도 행복이다. 하지만 이런 행복에는 고통이 필수적으로 수반된다.

한 번쯤 생각해 봤을 것이다. '통장에 500억이 있으면 진짜 행복할 거 같아요.', '평생 세계를 마음껏 여행하면 행복할 거 같아요.', '저기 서 있는 미인이 제 여자친구면 행복할 거 같아요.' 맞다. 다 맞는 말이다. 하지만 그것들은 고통과 결핍이 있기에 느낄 수 있는 것이다. 태어나서부터 당신이 말한 모든 것을 누리고 자란 사람들은 그것이 행복인지 아닌지 잘 모를 것이다. 인간은 원래 뭔가 잃거나 고통스럽거나, 노력하는 과정이 힘들어야 그것이 가치 있고 대단한 것이며 행복일 것이라고 상상한다. 당신 소유의 차가 있다면 알 것이다, 지금 당신은 차가 있어서 행복한가? 행복할 수도 있다. 하지만 차를 구매하는 과정 혹은 차를 계약하고 기다리는 동안, 내가 차의 주인이 되는 것이, 더 큰 행복이었을 것이다.

행복을 느끼는 순간은 짧으며 빨리 식는다. 나와 당신이 감사와 행복을 모르는 사람이라 그런 것이 아니다. 모든 인간이 다 그렇다. 당신이 통장에 500억이 없기에 500억이 있으면 행복할 것이라고 상상하는 것이다, 그 상상을 하는 시간이 500억을 가졌을 때보다 더 큰 행복일 수 있다. 혹시 이 글을 보고 있다면 건강한 눈을 가졌을 것이다. 앞이 보인다고 감사를 한 적이 있는가? 있다면 얼마나 되고 얼마나 자주인가? 당신이 감사함을 느꼈다고 한들, 그 감사함은 반쪽일 확률이 높다. 왜냐면 당신은 앞이 보이지 않는 맹인인 적이 없기 때문이다. 앞을 못 보는 고통을 느낀 적 없기에 그 감사가 100%라고 말할 수 없다. 하지만 만약 당신이 앞이 보이지 않는 맹인으로 태어났지만, 수술로써 시각이 생겼다고 하자. 그러면 처음으로 세상을 봤을 때 그 환희와 기쁨, 행복은 100%가 맞다. 왜냐면 당신은 앞이 안 보이는 채로 20년을 넘게 살아왔을 것이기에 앞이 보인다는 사실이 얼마나 큰 축복이고 행복인지 알 것이다.

고통이 없으면 행복이 없다. 고통이 있기에 행복을 아는 것이고 어떤 것을 얻기 위해 가는 과정이 행복한 것이다. 아무것도 이룰 게 없고, 그 무엇도 도전할 것이 없다면 행복할까? 나는 내가 느끼는 행복 중에 '성취'했을 때 느끼는 행복에 가장 높은 점수를 준다. 내가 가지지 못했던 것을 노력을 통해 가졌을 때 그 성취감으로 느끼는 행복은 이루어 말로 표현하기가 힘들다. 사업계획서를 수십 번 작성하고 처음 국가지원사업에 선정됐을 때 성취감과 행복, 내가 그동안 좌절의 고통을 느꼈기 때문에 느낄 수 있는 성취감과 행복이었다. 우리가 느끼는 고통이 행복의 일부이며 그 고통을 감내하는 것이 우리가 행복하기 위해 해야 하는 필연적 요소이다.

6.

옷부터 똑바로 입어라

대단한 일을 하고 싶은가, 오후 2시에 거울 앞에 서 봐라. 그때 모습이 어떤가? 어떤 차림을 하고 있는가? 무엇인가 이루고 싶다면 거기에 맞게 복장부터 갖춰 입어라. 내가 어렸을 적 나의 아버지는 주말 아침에 우리 형제를 깨우셨다. 아침 8시쯤 아침밥을 같이 먹고, 하루를 시작하라고 하셨다. 주말엔 학교도 안 가는 날이고 학원도 안 가는 날이다. 하지만 그 시간에 일어나서 하루를 시작하라고 하셨다. 아버지의 성화에 못 이겨 아침밥을 먹고 특별하게 할 일 없이 책상에 앉으면, 아버지는 우리에게, 씻고 잠옷부터 벗으라고 하셨다. 외출을 할 것도 아닌데, 왜 옷을 갈아입으라고 하셨을까? '집에서 편하게 있으면 안 되나.' 이렇게 많이 생각했다. 아버지는 집에 계실 때, 아침에도, 저녁에도, 일을 가지 않으실 때도, 항상 셔츠에 면바지, 그리고 양말까지 신고 계셨다. 그리고 온종일 거실에서 독서대를 펴놓고 책을 보시거나 무엇인가 공부하셨다. 29세가 된 지금, 부모님과 떨어져 산 지 오랜 시간이 지났지만, 주말에 일어나면, 세수를 하고, 잠옷을 벗고 외출복으로 갈아입는다, 외출하지 않더라도 외출복으로 갈아입는다. 셔츠를 입을 때도 있고 깔끔한 티를 입을 때도 있다. 그리고 거울 앞에서 머리를 손질하고 밖에 당장 나가도 되는 모습으로 있는다. 어릴 땐 잘 몰랐지만, 지금은 알고 있다, 아버지가 왜 항상 그렇게 계셨는지.

정돈된 모습에서 정돈된 생각이 나온다. 아버지는 지금 50대 중반이 되셨지만 지금까지 집에 계실 때, 셔츠에 면바지를 입으시고 바른 자세로 앉아 계신다. 외출을 하시는 날이든 하지 않는 날이든, 언제나 단정하고 정돈된 모습으로 집에 계신다. 아마 내가 아버지를 볼 수 있는 날까지 평생 그렇게 지내실 거 같다.

옷은 남들에게 우리 자신이 어떤 사람인지 알릴 수 있는 수단으로 사용된다. 안전화를 신고, 흙 묻은 티를 걸치고 있으면 공사 현장에서 일을 하는 사람인 걸 대번에 알 수 있다. 굳이 그 사람한테 가서 뭐 하는 사람인지 물어보지 않아도, 그 사람의 차림새를 본다면 그 사람을 알 수 있다. 안전화를 신고, 가짜 군복 바지에 흙 묻은 반팔 형광조끼를 입은 사람을 보고 '저 사람은 무슨 일을 하는 사람일까? 금융권에서 일하시는 중

권맨인가? 아니야, 학교 선생님일 거 같기도 해, 아니 나이 들어 보이니 대학교수 같아 보이기도 하는데?' 이렇게 생각하는 사람은 아무도 없을 것이다.

　점쟁이가 아니기에 정확히 어떤 일을 하는지 까지는 몰라도, 어떤 부류에서 일을 하는지 정도는 옷차림새로 판단할 수 있다. 평일에 입는 옷차림은, 본인이 선택할 수 없는 경우가 종종 있다. 요즘 대부분의 회사에서는 자율복이지만, 공장에서 근무하는 근로자일 경우 회사에서 주는 작업복을 입어야 하는 일도 있고, 군인이면 군복을 입을 것이다. 하지만 일을 하지 않을 때, 우리가 입는 옷은 자신을 표출하는 가장 손쉬운 도구이다. 그 사람의 정서와 가치관을 가장 쉽게 알 수 있는 지표이다. 내가 만약 외출할 때, 반바지와 슬리퍼 그리고 목이 늘어난 티를 입고 다닌다면 사람들은 나를, 남들 시선을 특별히 신경 쓰지 않는 사람이라고 생각할 수도 있고, 때에 따라서는 예의 없는 사람이라고 생각할 수 있다. 우리는 좋든 싫든 그 사람의 옷차림으로 그 사람 자체를 판단한다. 노출이 심한 상의와 짧은 치마를 입은 여자를 가벼운 사람 혹은 쉽게 유혹할 수 있는, 하룻밤 잠자리하기 쉬운 여자로 볼 사람들이 많다. 물론 그렇게 입는다고 해서 유혹하기 쉽거나, 하룻밤 보내기 쉽거나 가벼운 사람이라는 것은 아니다. 하지만 타인의 눈에는 그렇게 보일 확률이 높을 것이다. 우리는 옷차림으로 그 사람의 가치관과 직업을 예측한다. 우리가 원하든 원하지 않든 관계없다. 이를 알기에, 사기꾼 중에서 행색이 초라해 보이는 사람은 없다. 유튜브만 보더라도 강의하는 강의팔이들은 하나같이 잘 다려진 정장을 입고 뒤에 배경으로 서재 혹은 고층 건물 뷰를 보여준다.

우리는 우리가 입고 있는 옷차림에 맞게 행동한다. 내가 반바지에 늘어난 면티 슬리퍼를 신고 외출을 하면 나는 슬리퍼를 반쯤 끌며 걷고 눈빛은 흐리멍덩하게 앞을 볼 것이다. 내가 잘 다려진 셔츠에 맞춤 정장을 입고 구두를 신는다면 허리는 곧게 펼 것이고, 어깨도 활짝 열 것이고 눈빛은 자신감에 찬 눈으로 앞을 볼 것이다. 그리고 사업가처럼 생각하고 사업가처럼 행동할 것이다. 당신 보고 매일 정장을 입거나 셔츠를 입으라는 말이 아니다. 단정하고 정돈된 차림을 하라는 것이다. 그러면 단정하고 정돈된 생각이 당신 머릿속에서 나올 것이다. 헬스장에 가봤는가? 근육질 남자들이 콘돔처럼 딱 달라붙는 티를 입거나 젖꼭지가 반 이상 노출된 나시를 입고 있는 것을 본 적 있는가?(개인적으로 난 젖꼭지 노출 나시는 안 입는다.) 그 사람들이 꼴불견인가? 그렇게 생각할 수도 있다, 하지만 그 사람들의 마인드와 마음가짐은 이미 운동할 준비가 됐으며, 멋진 바디를 만들 생각이 있는 사람들이다, 그렇게 입은 사람 중에 운동을 대충 하는 사람 본 적 있는가? 우린 우리가 입고 있는 옷을 그냥 부랑자 거적때기처럼 이용해선 안 된다. 우리 정신을 개조할 갑옷으로 이용해야 한다. 당신이 입고 있는 옷차림은 타인이 당신의 가치관을, 대화 한

마디 안 해보고 판단하는 지표이며 당신에게 길을 알려주는 나침반이다.

7.

시련은 있어도,
실패는 없다

　내가 이 글을 처음 쓸 때만 했어도, 이 글에서 나의 약한 모습이나 감추고 싶은 면모를 보이지 않으려 했다. 강인하고, 곧으며 흔들리지 않는 그럼 사람으로 보이고 싶었던 것일지 모른다. 사람들은 대부분 위대하다거나, 강인하다거나, 선하다거나, 인자하다거나 그런 모습이 되는 것보다 그런 모습으로 비치길 원한다. 나 또한 그랬던 거 같다. 그래서 처음 컴퓨터 앞에 앉아서 이 글을 쓸 때는 그렇게 보이기 위해 애썼다. 하지만 지금은 아닌 거 같다. 인간은 동전보다는 주사위에 가깝다고 생각한다. 아무리 단단하고 곧은 사람이라도 한 번쯤 다 놓고 포기해 버리고 싶을 때가 있다. 소리 내어 울고 싶고, 쏟아지는 빗속에서 그냥 주저앉아서 울고 싶은 그럴 때가 있다. 빛의 흔적까지 삼켜버리는 그런 작은 구멍에 빠질 때가 있다. 그럴 때 자책하지 않길 바란다. '난 왜 이렇게 감정 기복이 심하지.' 10분 전에는 뭐든 할 수 있을 것 같았던 기분이었지만 지금은 아닐 수 있다. 그리고 30분 뒤엔 뭐든지 해 낼 수 있을 거 같은 기분이 들 수도 있다. 이상한 게 아니다. 잘못된 것도 아니다. 그냥 그렇구나 하며 받아들이는 거다.

하지만 저수지에 몸이 완전히 가라앉았다 하더라도 그 기분을 온전히 받아들이고 충분히 느꼈다면, 빛이 보이는 수면 위로 헤엄을 쳐 올라와야 한다. 불안한 감정과 우울한 감정에 몸을 잠식시켜선 안 된다. 말로는 굉장히 단순하고 쉬울 수 있다. 맞다, 쉽지 않다. 하지만 그런데도 해야 한다. 자신을 구할 수 있는 건 자신밖에 없다. 우울감과 부정적인 기운은 마약처럼 중독성이 심하다. 한번 시작하면 꼬리에 꼬리를 물어가고 자신을 스스로 가치 없다고 여길 것이고, 차라리 세상에서 사라져야 할 존재라고 생각하는 지경까지 이른다. 눈을 감고 생각해 본다. 그리고 우울감과 부정적인 감정을 온전히 받아들인다. 그리고 다시 눈을 뜬다. 손과 발을 저으며 올라가는 상상을 해라. 수영을 할 줄 모른다면 달리기도 좋다. 더 이상 달릴 힘이 없어 주저앉아 있는 모습이라면 일어서서 한 걸음씩 걸어보는 거다. 물속에 잠겨 있는 상상을 하더라도 그건 상상일 뿐이니 그냥 걸어라. 걸어서 수면 위까지 올라가라. 그리고 천천히 밖으로 나와 그냥 웃어라. 과정일 뿐이다. 당신이 약한 게 아니다. 모든 사람이 그렇다.

당신과 내가, 우리가 여기 이 세상에 온 이유가 있다고 믿는다. 신이 주신 사명이 있으며, 그 사명과 동시에 삶이라는 축복을 주셨다고 믿는다. 신이 당신 삶에서 더 큰 무엇인가 주기 위해 그 선물을 받을 그릇의 크기를 키워주고 있다. 그렇게 믿는다. 그릇의 크기를 시련과 절망이라는 도구로 키워주고 계신 거다. 만약 이런 그런 기분과 감정을 느껴 봤다면 진심으로 축하한다. 진심으로 당신이 존경스럽고 훌륭하다고 생각한다. 조금의 과장도 보태지 않고 전하는 말이다. 실패가 아닌, 시련이다.

8.

불확실함을 받아들이고
순응하는 삶

인간은 누구나 미지의 것, 미지의 장소에 대한 불안감이 있다. 확실하게 모르는 것에 대한 불안감이다. 조금 더 자세히 이야기하면 공포, 두려움일 것이다. 그래서 어떤 것을 선택할 때 과감한 선택과 도전을 하기보단, 이미 알고 있는 선택지에서 최고 혹은 최선의 것을 선택한다. 우리는 불확실함을 그냥 인정하고 받아들이는 삶을 살아야 한다.

당신이 만약 사업가 혹은 자영업자라면 내가 방금 했던 말을 단번에 이해할 것이다. 불안감과 불확실함에 적응하고 익숙해져야 한다는 것. 당신이 직장인이어도 이해할 것이다. 새로운 직장에 이직하거나 새로운 상사를 모셔야 할 상황, 새로운 거래처를 만나야 할 상황일 수도 있겠다.

그게 어떤 상황이건, 당신이 어떤 직업을 가졌든 당신은 그냥 받아들여야 한다, 불확실함과 불안감을. 그러면 당신은 정신적으로든 육체적으로든 지금보다 더 안정적이며 건강한 삶을 살 수 있을 것이다.

우리가 세상을 살아가면서 안정적이며 확실한 것을 추구하려고 할수록 더 불안한 삶을 살 것이다. 바다에서 항해할 때 돛은 바람을 등지고 있다. 그래야 앞으로 나아가는 항해를 할 수 있다. 거스를 수 있는 것이 아니기에 우리는 이것을 온전히 받아들이고 스스로 내성을 기르는 방법을 선택해야 한다.(선택이 아닐 수도 있다.)

사업을 하는 사업가들 혹은 자영업자 중에 하루하루 불안감을 매일 아침 먹는 영양제처럼 챙겨 먹는 사람들이 있다. 이 사람들은 사업이 순탄하게 흘러가고 있으면 불안해한다. 지금은 사업이 순탄하게 흘러가고 있지만 내일 당장, 일주일 뒤, 한 달 뒤, 일 년 뒤 위기가 닥치면 어쩌지? 그 사람들은 사업이 난항에 있어도 불안해한다. 지금 사업이 난항을 겪고 있는데 상황이 개선되지 않으면 어쩌지? 내일도, 일주일 뒤도, 한 달 뒤도, 1년 뒤도, 상황이 나아지지 않으면 어쩌지? 맞다. 둘 다 맞는 말이다, 그럴 수도 있고 아닐 수도 있고 뭐 어쨌든 맞는 말이다. 하지만 이 사람들은 스스로 하루하루 불안감을 꺼내 먹는 사람들이다. 하루라도 불안감이라는 영양제를 먹지 않는 것을 두려워한다. 매일 아침 불안감을 꺼내 먹는 삶이 건강한 삶이라고 생각하는 것이다.

불안감을 느끼는 건 당연하다. 우리는 그 불안감을 다른 방향으로 이용해야 한다. 당신이 사업을 하는 사람이라면 이 사업 이외 당신의 생계를 책임져줄 또 다른 사업, 혹은 투자 그게 아니면 안정적인 자산을 확보해 두기 위해 움직이는 것일 수 있고, 당신이 직장인이라면 당신이 직장에서 해고 돼도 다른 일을 할 수 있는 자격증을 딸 수도 있고, 자기계발을 할 수도 있고 아니면 스스로를 퍼스널 브랜딩할 수도 있다. 지금 내가한 말이 전부 싫다고? 그런 건 못하겠다고 말한다면 당신에게 더 이상 해줄 말은 없다. 아무것도 하지 않고 불안감만 평생 느끼면서 패배자처럼웅크리고 있다가, 상상했던 상황이 현실로 닥치면 '거 봐. 내가 그랬잖아.불안하다고. 이럴 줄 알았어.'라고 말해라.

우린 신이 아니다, 인간이기 때문에 피할 수 없는 것이 존재한다. 불안감을 느끼지 않고 두려움을 느끼지 않는 사람은 아무도 없다. 그런 특별한 사람이 있다고 생각할 필요 없다. 불안에 적응하고 익숙해지라고 그게 전부다. 성공한 사람 중에서 불안감을 느끼지 않으며 성공한 사람은단 한 명도 없을 것이다. 당신과 나 또한 불안감을 순응하고 받아들이며함께 걸어가자.

9.

지식과 지혜가
모두 필요하다

돈을 많이 벌고 싶은가, 많은 사람의 존경을 받고 싶은가, 당신이 바라는 이것들을 이룬 사람들이 모두 입 모아 말한다. '책을 읽어라.' 독서가 우리의 삶에 필요한 것이며, 교양을 높여주며, 새로운 사실을 알게 해 준다는 것은 누구나 알고 있다. 많은 사람이 독서가 좋다는 건 알고는 있지만, 정작 독서하는 사람은 많지 않다.

누군가는 이렇게 말한다. 무슨 책을 읽어야 할지 모르기 때문에 책을 읽지 못하겠다. 자기계발서, 에세이, 소설, 철학 어떤 것이든 좋다, 읽어라. 나는 한때는 에세이를 등한시한 적 있다.(물론 지금은 굉장히 사랑한다.) 철학, 역사, 소설책들도 지루했다. 현실과는 동떨어진 이야기 같고,

지금 나에게 당장 필요하다고 느끼지도 않았다. 어제 읽은 자기계발서가 오늘 나의 성취를 자극하는 부스터였고, 일주일 전 읽은 『협상의 기술』이 어제 내가 미팅하는 데 도움을 줬다. 방대한 우주에 관해 설명하는 친구가 멋있어 보였고, 생명과학을 연구하는 친구가 대단해 보였다. 역사와 철학에 관한 관심이 없었다. 기원전 551년 중국인 이야기를 내가 왜 알아야 하는가, 기원전 350년에 그리스에 살았던 사람이 했던 말을 내가 왜 들어야 하는가 하고 생각했다. 나는 줄곧 내가 당장 사용할 수 있는, 지식을 습득함으로 인해서 나에게 당장 도움이 되는 책들만 골라 읽었다고 생각했다. 그리고 그런 책들만이 인생을 살면서 도움이 될 거라고 판단했다. 하지만 정작 내가 삶을 살아가며 결정과 판단의 지표로 자주 활용한 것은, 우주의 탄생 원리나, 양자역학, 물리학, 줄기세포에 관한 지식이 아닌 인문학이었다.

우리는 과거에 살았던 현인들, 정치인들, 위인들이 삶을 살면서, 느꼈던 오류와 개선점 내 삶의 적용하고 하기도 하고, 반면교사로 이용하기도 한다. 인문학은 인간의 삶 그 자체가 되는 학문이다. 당신이 어떤 결정을 할 때 비슷한 부류의 경험이 전혀 없더라도 옳다고 생각하는 판단을 할 때가 있다. 과학적 증거나 논리적 근거를 명확히 제시할 수 없는 상황에서도 말이다. 바로 그때이다. 그때 당신이 살면서 알게 모르게 습득한 인문학의 지혜를 이용해 판단한 것이다. 우리는 과학을 믿고 과학적 증거를 토대로 판단하는 게 옳다고 생각하고, 그런 판단을 하는 순간이 많다고 생각한다. 하지만 사실 당신이 하는 판단의 대부분을 차지하는 것은 과학적 근거를 토대로 한 판단이 아닌, 당신의 경험, 혹은 타인의 경험, 과거의 역사를 바탕으로 한 판단이다. 당신의 경험 또한 이미 지난 일이니 인문학이라 표현해도 좋을 거 같다. 자연과학은? 우리는 물리학, 화학, 우주공학 등의 자연과학이라는 학문을 습득하고 배우고 행함으로 인해서, 지금의 우리가 누리고 있는 대부분을 누리는 거라고 봐도 무방하다. 수많은 학자의 지식에 대한 갈망과 새로운 도전으로 인해서 인류가 발전해 왔으며 그들의 갈망과 열정, 탐구가 없었다면, 우리는 지금까지 돌도끼를 이용해서 토끼를 사냥하며 저녁을 해결했을 수도 있다. 당신이 병에 걸려 시름시름 앓고 지구와 마지막 날을 카운트다운하고 있을 시점에 약이 없을 수도 있다.

에세이와 자기계발서 두 가지의 책을 보면 성격이 정반대인 것 같지만, 두 가지 다 인문학이다. 에세이, 자기계발서 두 종류의 책 모두 인간의 이야기이고 누군가의 경험 혹은 생각 삶의 태도 지혜가 들어간 책이다. 그뿐이다, 좋고 나쁜 것으로 분류할 수 없다.

사랑했던 여자와 헤어진 친구에게는 말없이 어깨를 감싸주는 에세이가 필요하며, 두 달 뒤 벤처 캐피탈 회사로부터 투자유치에 성공해야 하는 친구에겐 마인드세팅과 자기 믿음에 도움이 되는 자기계발서가 필요하다. 사랑했던 여자와 헤어진 친구도, 마음에 충분한 위로를 받고 시간이 지나 다시 회복했다면 더 멋진 사람으로 거듭나기 위해 동기부여와 자극을 받고 싶어서 자기계발서를 읽을 수 있을 것이며, 벤처캐피털 회사로부터 투자유치에 성공해 큰 투자금을 받고 회사를 멋지게 끌어나가는 친구도 번아웃이 와서 잠시 휴식하며, 순간을 감사하며 작은 것에 소중함을 느낄 수 있게 해주는 에세이에 손이 갈 수 있다.

인간의 사상 및 문화를 사랑하셔서 인문학 책을 즐겨 읽으시는 지혜로운 어머니가 학구열이 넘치며 지식을 습득하는 것에 즐거움을 느끼셔서 자연과학 책을 읽으시는 지식이 풍부한 아버지를 사랑하시는 것처럼, '인문학 책이 좋은 책이다, 자연과학 책이 좋은 책이다, 에세이가 좋다, 자기계발서가 좋다.' 그런 건 없다. 우리가 살아가는 데 필요한 부분들과 부족한 부분을 상호 보완해 주는 잘 맞추어진 수평대라고 생각한다.

10.

노력은
분명 가치가 있다

　최근에 은퇴한 한국 축구선수의 강연 영상을 보게 되었다. 축구를 잘 모르는 나였지만 그 선수의 이름과 얼굴은 알고 있을 정도였고, 국내에 선 인지도가 있는, 소위 말하는 국내 '레전드' 선수 중 한 명이다. 그분의 강연은 여러 사람, 분야를 막론하고 어떤 것에 도전하려는 사람들에게 굉장히 귀감이 되고 동기부여가 되는 말들이었다. '노력으로 재능을 이길 수 있다.', '죽을 만큼 노력하면 된다.', '10의 땀을 흘렸으면 10만큼의 성과가 나지 9만큼의 성과가 나지 않는다.' 전체적인 강연내용은 노력하면 누구든지 성공할 수 있다는 말이었다. 어느 정도 공감이 가는 말이다. 특정한 분야를 제외하고, 누구든 하루의 절반 이상을 10년 넘게 몰두한다면, 그 분야에서 전문가라는 소리를 들을 수 있다고 생각한다. 하지만 그

레전드 선수의 말에는 심각한 오류가 있으며, 누군가에게는 본인의 노력을 폄하하는 말이 될 수 있다.

'죽을 만큼 노력한 사람은 성공할 수 있다'는 말은 반대로 하면 '성공하지 못했다면 죽을 만큼 노력하지 않았다.'라는 말이 된다. 나는 이 강연이 많은 사람에게 희망이 되었다고 생각하고, 사람들을 노력하게 만드는 동기부여를 했다고 생각한다. 하지만 죽을 만큼 노력을 했지만 성공하지 못한 사람들에게, 혹은 별다른 결과를 얻지 못한 사람들에게는, 편협한 자기 확신에 빠져서 자기가 아는 것이 진리인 것처럼 이야기하는, 모든 것을 통달한 것 마냥 이야기하는, 닫혀 있는 꼰대의 강연으로 보였을 것이다.

'강점', '성공'이 말들은 전부 상대적인 말들이다. 강점이 없는 사람은 세상에 없다, 왜냐면 강점이란 건 상대적이기 때문이다, 잘한다는 것도 비교 대상이 있어야 하는 것이고, (사회에서, 사회적으로)성공이란 말도 다수의 누군가가 비교 대상으로 있어야 성립되는 말이다. 한국의 레전드라고 불리는 선수도, 누군가에겐 노력하지 않아서 세계적인 선수가 되지 못한 그저 그런 삼류 선수다.

난 그 선수의 경기 영상을 본적이 단 한 번도 없고, 어떤 팀에 소속되어서 커리어를 지냈는지도 전혀 알지 못한다. 메시, 호날두, 베컴 같은 사람들도 아마 저 선수처럼 본인의 노력에 관해서 이야기할 것이다, '죽을 만큼 열심히 훈련했고 누구보다 노력했다.' 한국의 레전드선수는 자신을 스스로 재능이 없는 선수라고 이야기한다. '난 재능이 없지만 죽을 만큼 의 노력으로 인해서 국가대표까지 되었고, 어떤 리그에서 커리어를 보냈 다.' 운동선수들이 무대 위에 올라 청중에게 이야기할 때, 모두 한곳에서 대본이라도 받은 것처럼 하는 말들이 있다. '죽을 만큼 노력해서 지금의 자리까지 왔다.', '다른 선수들과 다르게 재능이 없었다고 하지만 노력으 로 극복했다.', '노력이 재능을 이길 수 있더라.'

농구선수, 축구선수, 야구선수, 미식축구선수, 골프선수를 포함해 어 떤 스포츠 분야를 막론하고 입 모아 하는 말들이다. 과연 그 선수들이 정 말로 재능이 없는 것일까? 그 축구선수가 메시나 호날두에 비해 재능이 없는 건 사실일 수 있다. 하지만 동시대에 함께 훈련하고 동고동락한 선 수 중에서, 본인에게 밀려난 선수들에 비해서는 재능이 있었기에 그 자 리까지 간 거라고 생각한다. 본인과 함께 훈련했던, 본인에게 밀려 경기 에 뛰지 못했던 선수들은 과연 그 선수보다 노력하지 않았거나 간절하지 않았을까.

성공과 성과가 과연 노력의 지표가 될 수 있을까? 어느 분야 상위권에 속해 있는 집단의 사람들에게, 이 집단에서 뛰어난 편에 속하냐고 물었 을 때, 그렇다고 대답하는 사람은 극소수다. 한 분야에서 뛰어난 집단에 들어간 그 사람은 이미 자기보다 뛰어난 사람들이 주위에 많기 때문에 본인은 평범하며 재능이 없는 줄 아는 오류에 빠진 것이다. 어딜 가나 1% 로는 존재한다. 1% 안에서도 1%가 있을 것이고 그 1% 안에도 1%는 존재할 것이다.

군 생활을 특전사에서 근무했다. 특전사라는 집단자체가 특수한 목적으로 설립됐기에, 부사관으로 입대하기 위해서는 몇 달간의 선발 과정을 걸친 후 입대한다. 특전사에 있는 부사관들 모두 그런 과정을 통과한 인원 들이기에 뛰어난 체력과 강한 정신력을 가졌다, 그렇지만 그중에서도 유독 뛰어나 보이는 사람들이 있고, 그렇게 유독 뛰어난 사람 중 1% 정도가 모여 있는 곳이 707 특수임무대대라는 곳이다.(707 특임대는 지원제이기에 본인이 뛰어나더라도 지원하지 않는 경우도 많음.) 그런 707 특수임무대대 안에서도 매년 '탑팀'이라는 최강의 팀을 가린다. 물론 최강의 팀은 한 팀이며, 모든 팀의 순위는 매겨진다. 707 특수임무대대 안에서도 꼴등 팀이 존재한다.

한국의 레전드 축구선수가 어떤 생각을 가지고 본인은 재능이 없다고 느꼈는지는 알 거 같다. 본인보다 뛰어난 월드클래스급 재능을 가진 선수들이 수백 명 수천 명 있었고, 그 선수들을 만나봤을 테니. 하지만 강연을 한 그 선수도 분명히 어떤 집단에서는 재능 있는 선수였을 것이며,

엘리트라고 불리는 선수였을 것이다. 자신을 낮추어 이야기하는 화법으로 많은 사람에게 노력할 동기를 유발하였지만, 그런 이야기를 듣고 죽을 만큼 노력했으나 성공하지 못했고, 성과를 얻지 못한 사람에게는 본인이 노력하지 않았기에 성과를 보지 못했다는 자책과 실망을 줄 수도 있지 않을까.

죽을 만큼 노력하면 성공할 수 있다는 말은 사실이 아니다. 하지만 성공한 사람 중에 죽을 만큼 노력하지 않은 사람은 없다. 노력해라. 성공하지 못했더라도, 성과가 나지 않았더라도 당신이 노력했다는 사실은 변하지 않으며, 점이 모여 선이 되는 것처럼 그 노력이 다른 무언가 만들어낼 것이다. 성공에 노력은 디폴트값이다. 나머지는 우리가 통제할 수 없다. 우리가 통제할 수 있는 것은 우리의 노력뿐이며 오직 그것에만 몰두할 수 있다. 당신이 죽을 만큼 노력했는데 당신이 생각하는 '성공'이란 기준에 미치지 못했다고 해서 당신이 노력하지 않은 게 아니니 자신을 학대하지 마라. 자신을 더 아끼고 사랑하며 존중해라.

당신의 노력은 분명 가치가 있었으며, 자신에게 훌륭한 경험이며 앞으로의 초석일 것이다.

11.

내일을 보며
살아가자

이 책을 읽는 사람들 대부분은 20대이거나 30대 혹은 40대일 것이다. 혹시 핸드폰 안에 사진첩 혹은 클라우드 저장공간 안에 사진들을 얼마나 자주 보는가? 지금 나는 전혀 보지 않는다. 이유는 간단하다. 나는 70대가 아니기 때문이다. 무슨 소리냐고? 당신이 클라우드 속 과거의 추억들을 보는 이유는 그때가 그립고, 좋았던 시절을 회상하며 만족감과 행복을 찾기 위해서일 것이다. 당신이 만약 서른 살이라면, 당신 클라우드 속 사진들은 길어봤자 15년 정도의 기록을 담고 있을 것이고, 그 15년은 앞으로 당신이 살아갈 날에 5분의 1도 안 되는 기간일 것이다. 그런데 벌써 추억과 좋았던 기억을 되짚고 그것을 운운한다? 병에 걸려서 오늘, 내일 하는가? 그것도 아니면 왜 그러는가? 전 애인과 아름다웠던 시절이 그리운가? 고등학교 친구들과 즐거웠던 추억이 그리운가? 덮어둬라. 아직은 뒤로 보기보단 앞을 봐라. 우린 지금 안 좋고 더러웠던 과거들과 '그땐 그랬지.' 하며 행복하게 회상할만한 추억들을 회상할 나이가 아니다. 미래를 위해 그리고 앞을 위해 나아갈 때이다.

인간은 미래에 산다. 현실에 살고 있는 것 같지만 우린 앞으로 우리가 만들어갈, 그리고 나아갈 미래에 사는 것이다. 현실은 찰나일 뿐이기에 거기에 존재할 수 없다. 우리가 하는 모든 행동은 미래를 위한 행동들일 뿐이다. 미래를 위한 발걸음을 해야 할 시기에, 추억 회상과 과거에 잠기는 건 미래가 없는 사람들뿐이다. 과거를 그리워하고 그때가 좋았다고 느끼는 것은 현재가 만족스럽지 못하기 때문이다. 현재는 찰나이기에 당신이 만족하지 못하는 것은 결과적으로 다가올 미래이다, 지금 하는 일 혹은 행동이 미래에 긍정적인 결과, 과거보다 좋은 상황을 못 만들 것 같다고 판단하기에 오늘, 내일 하는 사람처럼 사진첩이나 들어다보고 있는 것이다.

타임머신 만들어서 돌아갈 수 없으면 현재, 그러니까 다가올 미래에만 집중하자. 우리가 손댈 수 있는 건 앞으로 다가올 미래뿐이다. 당신이 핸드폰 속 사진첩을 뒤적거릴 수 있을 때는, 당신의 신분증을 촬영한 사진을 술집 입구에서 보여줄 때뿐이다. 나폴레옹은 80세가 된 할머니처럼 흔들의자에 앉아서 사진첩을 보거나 과거를 회상하지 않았다. 당신과 나 또한 내일을 보고 나가자.

12.

사랑하는 사람들을 위해서

마음이 풍요로운 사람이 진짜 행복한 사람이 아닐까 싶다. 물질적으로 풍족한 사람 중에 마음이 공허하거나 텅 빈 기분, 그리고 상실감과 허무를 느낀다는 말하는 사람들은 많다. 내적으로 풍요로운 사람 중에, 물질이 부족해서 상실감을 느낀다고 말하는 사람들은 없다. 오히려 가지고 있는 것에 감사함을 느끼고 산다. 본인만을 위한 물질적인 풍요로움은 자신을 아주 잠깐 스치며 지나가는 찰나이다. 타고 싶었던 차를 사거나, 먹고 싶었던 음식을 먹거나, 입고 싶었던 비싼 옷, 물건, 장신구 등 이것들이 얼마나 오랫동안 당신에게 만족감을 주었는가. 우리는 한두 살 나이 먹어갈수록, 이러한 가치에 만족하지 못한다.

초등학생 시절 700원짜리 삼각김밥을 배부르게 먹는 것이 소원이었고, 어른이 되면 삼각김밥을 배불리 먹어야겠다고 생각했던 아이는 지금은 300만 원짜리 노트북을 구매하고도 행복하다고 느끼지 않는다. 우리는 어른이 되면서 쓸데없는 물건을 하나씩 모으기 시작한다, 그것들을 구매하기 전에는 그것이 왜 쓸데없는지. 몰랐지만 막상 구매하고 나면, 그 물건들은 우리에게 큰 만족감을 주지 못한다는 사실을 알게 된다, 돈이 많고, 부자로 사는 것은 굉장히 멋진 삶일 것이다.

우리는 돈을 벌어야 한다, 될 수 있으면 많이. 그것은 물질적인 가치 이외에, 더 훨씬 높이 있는 가치들을 지킬 수 있게끔 도와준다. 돈은 수단일 뿐이다. 돈이 많다면 내가 사랑하는 여자가 병에 걸려 아플 때 가장 훌륭한 의사에게 치료받게 할 수 있을 것이다. 돈이 많다면 내 아이들에게 더 큰 세상을 보여주고 경험시켜 주면서 창의적이고, 큰 꿈과 큰 야망을 품은 아이로 키울 수 있을 것이다. 돈이 많다면 부모님이 건강하실 때 우리나라와 멀리 떨어져 있는 아름다운 스위스의 풍경, 그리고 북극의 오로라를 보여드릴 수 있을 것이다.

우리가 돈을 벌고 물질적 가치를 추구하는 이유 대부분은, 자신을 위한 것보다 우리가 사랑하는 사람과 우리 팀원들을 위해서이다. 그들이 행복하다는 감정을 느낄 때, 나 또한 행복감을 느끼기 때문이다. 물질적인 가치가 나만을 위한 것이 아니고 내가 사랑하는 이들의 영적인 가치와 세상의 아름다움 그리고 경험과 행복을 만들어 주며 지켜주는 도구가 되어야 한다. 그렇게 우리는 돈을 벌고 사용해야 한다. 내 사람들의 마음의 풍요와 가치를 채워주는 것이 곧 나의 마음의 풍요와 가치를 채워주는 일이다. 우리가 위대해지고 싶고, 성공하고 싶다고 바라는 이유는 결국은 내가 사랑하는 이들을 위해서, 그들이 행복하기를 바라서일 것이다. 그게 우리가 결국 성공해야 하는 이유다.

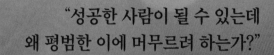

"성공한 사람이 될 수 있는데
왜 평범한 이에 머무르려 하는가?"

– 베르톨트 브레히트

에필로그

내 삶은 객관적으로 훌륭한 짜임새의 영화가 아니었다. 필름이 낡았고 구성이 엉성하며 등장하는 배우조차 이름 모를 무명배우 같은 그런 영화였다. 이 책 전반에 걸쳐 이야기했듯이 지금 나는 유명한 사람도 아니고 대단한 사람도 그렇다고 부를 많이 축적한 부자도 아니며 돈을 많이 벌고 있는 고소득자도 아니다. 이 책을 읽는 당신이 책을 읽으면서 정제되지 않고 거친 내 말에 불쾌감을 느꼈다면 지금 이 자리를 빌려 사과의 말을 전하고 싶다. 당신의 기분을 상하게 하거나, 상실감 혹은 죄책감을 느끼게 하려고 한 의도는 없었다, 종교 혹은 신념을 강요할 생각도 없었다. 나를 포장하는 말들과 멋진 미사여구를 사용하며 나 자신을 숨길 생각 또한 없었다. 이 글에서 이야기했던 것처럼 나는 당신의 인생을 바꾸고 싶은 생각도 없으며 당신에게 어떠한 동기를 부여할 생각 또한 없다.

하지만, 당신이 나와 같은 신념과 생각을 가지고 지금보다 더 위대한 사람이 되려 한다면 난 당신과 뜻을 함께한 사람으로 당신을 친구 그리고 이름 모를 어딘가 있는 동료라고 생각하겠다. 언젠가 우리가 마주치게 된다면 나는 당신을 알아볼 수 없으니 당신만이라도 나를 알아봐 줬으면 한다. 그리고 나에게 우리는 같은 목표를 가진 팀이고 동료라고 말해라. 아까 말했듯 위대한 사람에게는 위대한 동료가 필요하니 우린 동료가 될 수 있다. 당신의 위치가 지금 어디 있든 그건 전혀 중요하지 않다. 당신이 나와 같은 신념을 가지고 있고 끝까지 포기하지 않고 간다면 우린 같은 곳에 도착해 있을 테니. 삶은 하느님이 주신 아름다운 선물이며 게임이다. 가슴이 뜨거워지며 눈물이 날 정도로 아름다운 삶이지만 이것이 찰나라는 게 너무 아쉬울 뿐이다. 우린 삶을 살아가면서 뜨겁게 사랑하고 뜨겁게 도전하고 여러 번 실패하고 부러지자. 그리고 털고 일어나서 다시 뛰어가고, 그렇게 하자.

최고의 내가 그리고 당신이 되기 위해 살아가자. 야망을 품고 위대해지고 아름다운 것을 보고, 뜨겁게 눈물 흘리고 도전하는 삶을 보내자. 우리는 지금 이 땅에 숨을 쉬고 있기에 원하는 것이 있다면 무엇이든 이룰 수 있다. 정말이다. 오늘 밤에 잠이 들고 내일 다시 눈 뜨지 못한다고 하더라도 규율을 지킨 마지막 날을 보냈으며 최선을 다했던 하루였다고 말하고 하느님께 가는 길에 되뇌자. 낮이 있기에 밤이 있으며 암이 있기에 명이 존재한다.

　어둠이 있어야 빛이 있다. 어둠 속에서는 어둠을 그리지 못하며 빛 속에서는 빛을 그리지 못한다. 우리 모두 이로운 점을 명심하고 앞으로 걸어가자.